Der Deutschunterricht
Beiträge zu seiner Praxis
und wissenschaftlichen Grundlegung
Begründet von Robert Ulshöfer

In Neuer Folge herausgegeben von
Wilhelm Dehn, Hartmut Eggert,
Franz Hebel, Heinz-Dieter Weber

Herausgeber der Rubrik:
Hartmut Eggert

Neue Lektüre klassischer Texte

Herausgeber dieses Heftes:
Heinz-Dieter Weber
Jahrgang 35 · 1983 · Heft 1

Inhalt

Beiträge: Unverlangte Beiträge erbitten wir an Herausgeber oder Verlag (s. a. Hinweise S. 115)

Anschriften der Herausgeber: Dr. Wilhelm Dehn, Rarsrott 10, 2300 Kiel 14 · Professor Dr. Hartmut Eggert, Vopeliuspfad 6, 1000 Berlin 37 · Professor Dr. Franz Hebel, Mörfelder Landstr. 242, 6000 Frankfurt/M. 70 · Professor Dr. Heinz-Dieter Weber, Raiffeisenstr. 12, 7750 Konstanz 16

Erscheinungsweise: Jährlich erscheinen 6 Hefte (zweimonatlich).

Bezugsbedingungen: Der Deutschunterricht kann durch jede Buchhandlung oder direkt vom Verlag bezogen werden. Jahresbezugspreis DM 43,– (ÖS 365,–), Vorzugspreis für in Ausbildung stehende Lehrkräfte und Studenten DM 32,– (ÖS 272,–) jeweils zuzüglich Zustellgebühr.

Nachbezug: Alle seit 1974 erschienenen Hefte sind lieferbar, die Jahrgänge davor in Auswahl. Abonnenten erhalten bei Bestellung von mindestens fünf verschiedenen Heften 25 % (Abonnenten mit Vorzugspreisen 45 %) Nachlaß auf den Einzelpreis

Adressenänderungen: Bezieher, die die Schriftenreihe nicht über eine Buchhandlung, sondern unmittelbar vom Verlag erhalten, bitten wir, uns die neue zusammen mit der alten Anschrift rechtzeitig mitzuteilen.

Anzeigen: Zur Zeit ist Anzeigenpreisliste Nr. 8 vom 1. 1. 1981 gültig. Verantwortlich für den Anzeigenteil: Jürgen Meissner, Anzeigenverwaltung Ernst Klett Verlag: Gisela Lutz, Rotebühlstraße 77, 7000 Stuttgart 1, Telefon: 07 11/66 72-6 47 od. 6 62

Beilagenhinweis: Diese Ausgabe enthält eine Beilage der Enzyklopädischen Literatur, Dr. phil. Egon Müller, Haar/München. Wir bitten um freundliche Beachtung.

Verlag: Ernst Klett, Rotebühlstraße 77, 7000 Stuttgart 1. Printed in Germany

Fotosatz und Druck: Ernst Klett, Rotebühlstraße 77, 7000 Stuttgart 1

ISSN 0340-2258
ISBN 3-12-961731-0

Einführung

„Eben das sagt das Wort 'klassisch', daß die Fortdauer der unmittelbaren Sagkraft eines Werkes grundsätzlich unbegrenzt ist." – So lautet die ihrerseits schon klassisch gewordene Definition Hans Georg Gadamers. Es macht den Platonismus einer solchen Definition aus, daß sie ganz gut neben der Tatsache bestehen kann, daß die klassisch genannten Texte keine Vorbildfunktion für die Literatur unserer Gegenwart haben, daß ihre Kenntnis zwar als unerläßlich gelten mag, ihre Rezeption aber folgenlos bleiben darf, daß ihr Verständnis mehr Fragen aufzuwerfen als Antworten auf unsere Fragen anzubieten scheint.

„In einem gewissen Sinne, der wohl der eigentliche und ursprüngliche sein mag, haben alle Europäer keine klassischen Schriftsteller zu befürchten", schrieb 1797 Friedrich Schlegel. „Ich sage: befürchten, denn schlechthin unübertreffliche Vorbilder beweisen unübersteigliche Grenzen der Vervollkommnung. In dieser Rücksicht könnte man wohl sagen: der Himmel behüte uns vor ewigen Werken." Daß es dennoch bereits gab, was es aufklärerischem Geschichtsverständnis zufolge nicht geben durfte, blieb Schlegel nicht verborgen. Allerdings: „klassische Schriften einer *Nation*" seien es, die „durch ihre Allgemeinheit in Gehalt und Geist ein eigentümliches, bleibendes Gemeingut aller bildungsfähigen Mitbürger einer Sprache" ausmachten. Medium der Selbstverständigung einer bildungsbürgerlich gedachten Nation also, und dies auf Widerruf; in ihrer Allgemeinheit mehr Rahmen als Inhalt individueller Bildung, von allgegenwärtiger Idealität, aber stets nur problematischer Verbindlichkeit.

Die 'Sagkraft' klassischer Texte läßt sich stets behaupten, aber keineswegs immer vernehmen. Daß Appelle, auch didaktische Raffinessen nicht helfen können, dafür hat Friedrich Schlegel den Grund genannt: Der Begriff des Klassischen widerstreitet dem Geschichts- und Selbstverständnis moderner Gesellschaften. Die Interpretation klassischer Texte hat sich dieser Paradoxie zu stellen. Der zunftmäßige Aufweis, daß sie doch auch uns etwas zu sagen haben, muß feiertäglich peripher bleiben, wenn die Frage nach den Gründen ihrer Präsenz zuvor nicht gestellt wird. Diese Frage läßt sich nicht tabuisieren – als „Einrücken in ein Überlieferungsgeschehen" (Gadamer) die Beschäftigung mit den klassischen Texten sich nicht mehr verstehen.

„Neue Lektüre klassischer Texte" meint diese Provokation. Ihr stellen sich die Beiträge dieses Heftes in unterschiedlicher Weise.

Die Gründe für die gegen Ende des 19. Jh.s allgemein und obligatorisch werdende Wertschätzung Goethes untersucht *Hannelore Schlaffer*. Nicht Goethe als Person, nicht seine Werke als Texte waren von Interesse, sondern Person und Oeuvre zusammen als Symbol einer idealen poetischen Existenz. Für unterschiedlichste Lebensentwürfe fand sich so ein Identifikationsraum, der trotz – oder gerade wegen – seines eklatanten Widerspruchs zur Alltagserfahrung Lebenshilfe für jedermann versprach.

Daß und in welchem Maße der autobiographische Aspekt des Goetheschen Werks, der Konfessionscharakter vieler Texte von seinen Zeitgenossen als normdurchbrechend, ja skandalös empfunden wurde, stellt *Klaus Oettinger* am Beispiel der

‚Römischen Elegien' dar. Aus den Reaktionen der Zeitgenossen läßt sich nicht nur auf die Heftigkeit des Verstoßes gegen die Konventionen, sondern auch auf die historische Reichweite des neuen lyrischen Sprechens schließen.

Leo Kreutzer kontrastiert Klaus Manns umstrittenen Roman ‚Mephisto' mit ‚Wilhelm Meisters Lehrjahren'. Es zeigt sich, daß Manns Roman einer Theater-Karriere die gesellschaftlichen Bedingungen des Schauspielers in einer Weise verfehlt, die Goethes Roman als Instanz zutreffender Literaturkritik ins Recht setzt.

Weit eher als der philologischen Interpretation gelingt es dem Theater, die Unverbindlichkeit der Texte zu überwinden. *Bernd Mahls* Geschichte der ‚Faust'-Inszenierungen seit den 50er Jahren belegt das ebenso wie *Klaus R. Scherpes* Bühnengeschichte der ‚Räuber'. Die Theater-Inszenierung vermag verdeckte Sinnschichten, vor allem Affekte und Phantasien aufzurufen, die von Anfang an nur zu einem problematischen Ausgleich mit dem Diskurs der Dramen-Texte und dem verbalisierbaren Sinn gebracht worden waren.

Um einen Nachweis des geschichtlichen Realitätsbezugs geht es *Dieter Borchmeyer* bei seiner Analyse des ‚Wilhelm Tell'. Hinter der Idyllen-Struktur des Dramas, die man oft als Harmonisierung politischer Konflikte gelesen hat, werden politische Zusammenhänge sichtbar, die ‚Wilhelm Tell' als politische Parabel zu einem höchst aktuellen Drama machen – so die These.

Dieter Hörhammers psychoanalytische Studie zu Jean Paul interpretiert die Idyllen im Lichte moderner Narzismus-Theorien. Ursprünglich war diese Abhandlung bereits für das DU-Heft 5/1982 vorgesehen. Im jetzigen Kontext vermag sie darauf hinzuweisen, was Jean Paul mit der Weimarer Klassik verband, was ihn von ihr trennte. Jean Pauls humoristische Behandlung des Idyllischen erweist sich als ästhetischer Modus, Harmoniebedürfnis und Herausforderung durch die Realität, behagliche Innerlichkeit und Sehnsucht nach einer besseren Welt zu versöhnen und doch in ihrem Widerspruch festzuhalten.

Mögen die hier versammelten Beiträge die Diskussionen um die Neuerrichtung eines Schulkanons klassischer Texte bereichern.

Heinz-Dieter Weber

Hannelore Schlaffer

Goethes Nachleben unter den Deutschen

Der Essay erfaßt und analysiert die Rezeptionsgeschichte Goethes in den letzten hundert Jahren. Erst am Ende des vorigen Jahrhunderts konnte Goethe beim breiten Publikum einen gleichrangigen Platz neben Schiller erobern. Die beiden Dichter stehen nun zueinander wie Jugend und Reife, Idee und Leben. Das Interesse an Goethes Poesie nämlich wurde stets verbunden mit einer genauen Aufmerksamkeit auf sein Leben. Die biographische Neugier – in solchem Ausmaß einmalig in der Weltliteratur – hat auch das Werk des Dichters durchdrungen. Es wurde zum beredten Zeugnis einer poetischen Existenz, deren Erfahrungen und Erlebnisse hinreichten, jedem einzelnen einen Identifikationsraum zu liefern; kurz: Goethes Werk wurde zur Lebenshilfe für jedermann. Sein Name war das konvertible Zeichen, das für beliebige Werke eingesetzt werden konnte, sein Werk wurde unter ergriffenen Worten begraben.

„Es schlägt kein Mensch vergebens
Im langen Pilgerlauf,
Bei Kampf und Not des Lebens
Die Goethe-Bibel auf.

Denn einen Strahl der Wonne
Vom eignen hohen Glück
Leiht dieser Sohn der Sonne
Jedwedem Mißgeschick.

So lies! Und wo du immer
Die Blätter dir gelost:
Aus jedem glänzt ein Schimmer
Von Hoffnungsglück und Trost."

So huldigt Ernst von Possart, Schauspieler, Regisseur und Begründer des Münchener Prinzregententheaters im Goethe-Kalender 1910 den Dichter in der schwülstigen Poesie eines Jedermann, dem der Klassiker mittlerweilen zum Besitz geworden ist. Je breiter die Bewunderung für einen Mann, desto flacher die Sprache, die ihn besingt! Ähnlich gefühlvolle Empfehlungen, die „Goethe-Bibel" in die Hand zu nehmen, konnte der gebildete Leser am Beginn dieses Jahrhunderts überall lesen. Die damals in Zeitschriften beliebten Umfragen nach der Bedeutung Goethes im Leben der Zeitgenossen waren zahlreich und haben die seltsamsten Vorschläge zum Nutzen seiner Poesie befördert.

Von Schiller zu Goethe – Idee und Leben

Nicht immer aber hat sich das Publikum in diesem Dichter bespiegelt; so populär wie am Beginn des 20. Jahrhunderts war er vorher nie gewesen.
Freilich ruhte seit dem Erscheinen des ‚Götz von Berlichingen' und der ‚Leiden des jungen Werthers' die Auseinandersetzung um Goethe nie. Bis ans Ende des 19. Jahrhunderts jedoch war die Beschäftigung mit ihm eine Angelegenheit der Dichter, die sein Vorbild schätzten oder verwarfen, der Philologen, die eine Theorie der Moderne an ihm entwickelten, und der politischen Geister, die sich über ihm zerstritten. Mit der Aureole des großen Deutschen aber, dessen Poesie ein Schatzkästlein der Lebensweisheit für alle ist, krönte ihn erst die Generation nach dem deutsch-französischen Krieg. Jedenfalls mußte noch 1863, als das Geburtshaus in Frankfurt vom Freien Deutschen Hochstift als Nationaldenkmal erworben werden sollte, dieser Schritt gegen die Bürger der Stadt verteidigt werden. Als jedoch 1886 die Goethe-Gesellschaft in Weimar das Wohnhaus am Frauenplan von des Dichters Enkeln, die es lange verschlossen gehalten hatten, kaufte, um es als Goethe-National-Museum einzurichten, war die öffentliche Begeisterung allgemein.
Zunächst war Schiller als der Dichter des ‚Wilhelm Tell' geeignet gewesen, den nationalen Aufschwüngen des 19. Jahrhunderts die Sprache zu leihen. „Ob Schiller, ob Goethe" – diese Wahl stellt sich 1854 ein Mitarbeiter von Gutzkows ‚Unterhaltungen am häuslichen Herd', um Goethe den Praktikern, Schiller den vorwärtsdrängenden Schöpfern zu überlassen:

> „Aus der kleinen Gemeinde des Goethecultus ist eine weitumfassende geworden und namentlich sind es gebildete Männer des praktischen Lebens, denen Goethe für beinahe jeden denkbaren Fall willkommene Kernstellen zur Aufklärung, zum Trost und zur Kräftigung darbietet. Männer der reinen Geistesthätigkeit aber, Dichter und Denker, werden doch immer wieder auf Schiller, als ihr nächstes und bestes Vorbild, zurückkommen müssen. Die Werdelust, der ewig junge Schöpferdrang in ihm, die Ehrfurcht endlich vor dem unerreichbaren Ideal [...] das Alles wird nie aufhören zur Nacheiferung mächtig zu locken."[1]

Bis heute verhalten sich die beiden Klassiker im Bewußtsein des deutschen Publikums zueinander wie Ideal und Leben. Schiller gehört der vorwärtsstürmenden Jugend, Goethe dem reifen Alter. Noch in den vierziger Jahren dieses Jahrhunderts zeigt eine Befragung von Jugendlichen, daß sie den Fortgang ihrer Entwicklung als einen Weg von Schiller zu Goethe verstehen. Wilhelm Stutz veranstaltete 1942–46, während des Zweiten Weltkrieges also, eine Umfrage unter Heidelberger Schülern und Studenten, wie sie ihr Verhältnis zu Goethe sähen und auf welche Weise sie mit diesem Dichter Bekanntschaft gemacht hätten. 1947 veröffentlichte er die Niederschriften unter dem Titel ‚Goethe in unserem Leben'.[2] Aus dieser Sammlung sei der Aufsatz eines Studenten zitiert, der eben seine Schulzeit hinter sich gebracht hat:

> „Ich glaubte, daß mir Schiller mehr zu sagen hätte. In ihm hatte ich den jugendlichen Helden gesehen, in Goethe den würdigen Herrn." (S. 13)

(1) Unterhaltungen am häuslichen Herd, hrsg. von Karl Gutzkow, 1854, Nr. 41, S. 656.
(2) Goethe in unserem Leben. Niederschriften junger Menschen 1942–1946, hrsg. von Wilhelm Stutz, Heidelberg 1947.

Die Erwachsenen, die sich dieses Dichters annahmen, vertraten die Ansicht, daß Reife erkämpft sein wollte und immer wieder aufs Neue befestigt werden mußte. In solchen Stürmen stärkte das Vorbild der stillen Tapferkeit dieses Dichters, dieses 'Ordners im Alltag'. Friedrich Lienhard rühmt in seinem Buch ,Das Klassische Weimar' von 1909 Goethes Seelenwärme, sein 'Feingefühl' und 'Feingehör', die 'Sinnenhaftigkeit' seines Wesens, das 'Schlicht-Natürliche', die 'Lebenswärme', das 'Über-den-Dingen-Stehen'. – Tugenden also, mit denen der Dichter den Lebenskampf bestanden habe in diesen Jahren vor dem *Ersten Weltkrieg,* in denen um alles 'gekämpft' wurde:

„Menschsein heißt Kämpfer sein; aber Dichter- und Künstlersein, heißt Sieger sein. Auch einem Johann Wolfgang Goethe nahen wir uns von dieser Seite her. Goethes Leben und Wirken war ein siegreicher Kampf um die Durchführung und Hinaufläuterung der Persönlichkeit. Und zwar so, daß sich zwischen den Pflichten nach außen und den Forderungen des Innern ein harmonischer Ausgleich ergab."[3]

Der Goethe, der jedermann verständlich ist, ist der Heilige des Alltags, der siegreiche Dulder. Sein Leben wird zur vorbildlichen Biographie, die sich, erhaben im Ganzen, im Detail doch wie eine Gebrauchsanweisung liest. 1911 erscheint anonym ,Das Buch von der Nachfolge Goethes' – der Titel erinnert nicht unabsichtlich an Thomas à Cempis' ,Nachfolge Christi', jenes populärste Buch des späten Mittelalters. Dieses Buch wurde der Katechismus der Goethe-Verehrung, in dem die Gebote enthalten waren, die das große Vorbild angeblich erlassen hatte:

„In der Abhärtung der Seele übrigens wird er den meisten von euch ein direktes, buchstäbliches Vorbild sein können. Denn da seid ihr verweichlichter als ihr glaubt. Oder ertragt ihr harten Tadel und Spott selbst dann, wenn er gerecht ist und wenn er von Freunden kommt? Prüft euch, ob ihr den Umgang mit Herder ausgehalten hättet! Vermögt ihr auch nur geduldig die Meinung eines Gegners anzuhören? Unterscheidet ihr, wenn ihr in einen Kampf verwickelt seid, die Person immer von der Sache? Habt ihr die Selbstbeherrschung, jene stets zu schonen, zu achten, auch wenn euch die Sache, die jene führt, verhaßt ist. Schon der junge Goethe verstand dies alles."[4]

Man ist heute geneigt, über die bemühte und betuliche Aneignung des Dichters Goethe, zu der der Ernst der Bewunderung verpflichtete, zu lächeln. Abgetan aber ist bislang solche Gefolgschaft noch immer nicht, hat doch erst vor wenigen Jahren Hans Christoph Buch im ,Literaturmagazin 2', das den Titel trug: ,Von Goethe lernen', sein Verhältnis zu diesem Dichter auf die knappe Formel gebracht:

„Ich begriff, was schon andere vor mir gewußt hatten: um Goethes Werk zu verstehen, mußte man zuerst sein größtes Kunstwerk begreifen: Goethes Leben."[5]

Es mag den Anschein haben, als sei es Goethes bewußte Absicht gewesen, tatsächlich auch das Kunstwerk seines Lebens der Nachwelt vollendet zu hinterlassen: Er schreibt eine Autobiographie, die allerdings nur bis zum Abschluß der Jugendjahre

(3) Friedrich Lienhard: Das klassische Weimar, Leipzig 1909, S. 133.
(4) Das Buch von der Nachfolge Goethes, Berlin, 1911, S. 25 f.
(5) Hans Christoph Buch: Der „menschlichste aller Menschen". Retuschen an meinem Goethebild. In: Literaturmagazin 2, hrsg. von H. C. B., Hamburg 1974, S. 52.

reicht, akribisch registriert er die täglichen Verrichtungen, mit ängstlicher Vorsicht arbeitet er an seinem Bild für andere, jeden Gedanken drängt er zum zitierbaren Aphorismus zusammen, seine Gespräche läßt er aufzeichnen – Stoff also genug und Kommentar zugleich, den er zum Roman seines Lebens beisteuert! Das Material jedoch wird lange Zeit kaum beachtet. Die populären Biographien über Goethe entstehen erst seit den achtziger Jahre des 19. Jahrhunderts und zeigen eine Wandlung im politischen Bewußtsein und in der ökonomischen Situation der Zeit an. Erst nach der Einigung Deutschlands, in den Gründerjahren, setzt das Interesse für die breite, liebevolle Lebensschilderung ein. Sie kennzeichnet den Beginn einer Epoche des Reichtums, der gesammelt und glücklich genossen sein will. Goethe, der mit seinem Leben so ökonomisch umzugehen wußte, dessen Ideen nie so hoch flogen, daß sie nicht doch noch fruchtbar werden konnten, ist das gegebene Idol einer Zeit, die ihren gesunden Menschenverstand und praktischen Lebenssinn in die Zonen der Weisheit gehoben und in den Regionen der Poesie verklärt wissen will. Der Schwung, den Schillers Ideenflug seinen Verehrern beizubringen vermochte, kommt nun zum Stehen. Das Leben breitet sich in seiner Alltäglichkeit aus. Zunächst interessiert sich der moderne Leser für die materielle Grundlage der poetischen Existenz. Nach diffizilen Umrechnungen informiert ihn eine Zeitschrift darüber, daß Goethe jährlich etwa 270 000 Mark eingenommen habe, Schiller hingegen nur 32 000 Mark. Ein Kennzeichen aber für das relative Desinteresse des frühen 19. Jahrhunderts an Goethe ist die Tatsache, daß bis 1864 seine Erben weniger Gewinn aus dem Nachlaß ihres Ahnen zogen als die Schillers.

Goethes Leben als Gebrauchsanweisung

Die angebliche Fülle der Erlebnisse endlich, der Reichtum an Einsichten, Beobachtungen, Ereignissen, der Goethes Leben aus dem Horizont normaler Erfahrung hinausrückt, tröstet seine Bewunderer über die Menge von Kleinlichkeiten, die das ihre erniedrigen. Die Lebensbilder über Goethe sind Hagiographien des Banalen: Sie beschreiben den Dichter beim Essen, bei den täglichen zwei Flaschen Wein, beim Lieben, Reden, Ankleiden, Reisen, Jagen, Spazieren, und sie erhaschen die belanglosesten Sätze bis zu seinem letzten Wort. Seine Poesie aber erhebt, was bei anderen ein Zirkus wäre, zur Lebensfeier. Solche Mischung von Trivialität und Erhabenheit macht die Biographie Goethes anwendbar auf jedes Leben. Die Verehrer Goethes zögern nicht, dem Dichter vertraulich nahe zu rücken. Eine Studentin, die sich in der Sammlung ‚Goethe in unserem Leben‘ ausspricht, hält Goethe für das leidgeprüfte und gute Subjekt, das sie selbst gerne wäre:

„Goethe war ein Mensch, der all das auch durchmachen mußte, was jeder von uns auch ähnlich erlebt. Wie er sich da nun durchkämpft, nie ruhig die Hände in den Schoß legt [. . .] darin habe ich ihn mir zum persönlichen Vorbild genommen.“ (Stutz, Anm. 2, S. 56)

Nicht Goethe selbst steht diesem Bild Modell, sondern der Faust, den er als den immer Strebenden geschaffen hat. Es gehört zur Rezeption eines Dichters, daß das Werk und sein Verfasser identifiziert werden. Bei keinem aber werden, wie bei Goethe, Figur und Schöpfer so innig in eins gesetzt.

In ihrem Glauben an eine unbefleckte Empfängnis des Dichterwortes sehen sich die Verehrerinnen nicht selten durch die Nachricht von Goethes Liebesleben gestört. Für die Männer, die die Legende von seiner Leidenschaftlichkeit samt den wenigen folgenreichen und vielen galant-unverbindlichen Abenteuern erdichtet haben, sind die Frauen die Musen seiner Kunst. Ihrer bedarf er, da sie seinen Geist beflügeln: Die Libertinage ist bei ihm Dienst am Beruf. Die unstandesgemäße Heirat mit Christiane Vulpius allerdings zeigt zwar Goethes Nähe zur schlichten Volksnatur, verletzt endlich aber doch den guten Stil.

„Daß Goethe Friederike verlassen mußte, sah ich ein. Eine Hochzeit in der Dorfkirche zu Sesenheim ist unvorstellbar. Wer wollte einen Stein auf Goethe werfen und sagen, das hätte er gleich wissen müssen? Hat er doch an der Schuld gegen Friederike selbst schwer getragen. Auch anerkenne ich, daß er auf seinem Lebensweg so viele Frauen an sich zog. Goethe durfte das, war es ihm doch nicht um flachen Genuß zu tun. Die bürgerliche Moral gilt für den Durchschnitt. Doch darüber hinaus kam ich nicht hinweg, daß Goethe Christiane zur Mutter seiner Kinder wählte." (Stutz, Anm. 2, S. 33)

Für die Heirat mit Christiane Vulpius findet der Bürger keine Entschuldigung, fehlt dieser praktischen Verbindung doch jeglicher Anflug von Poesie. Da aber Goethes Leben Poesie ist, hätte die Prosa solcher Verhältnisse im Dämmer des Hinterhauses seiner Küchen und Schlafkammern bleiben sollen.
Die Frauen vor allem aber wollen die Notwendigkeit solcher Verjüngungskuren, denen sich der Dichter bei seinen Geliebten habe unterziehen müssen, nicht anerkennen. Identifizierend, wie ihre Liebe zu ihm ist, meinen sie, seine Untreue am eigenen Leibe zu erfahren. Eine Schülerin erinnert sich in der Sammlung ‚Goethe in unserem Leben' der ersten Begegnung mit Goethe:

„Wir kleinen Mädel mochten den Mann, der so viele Frauen geliebt hatte und Friederike nicht heiratete, nicht als menschliches Vorbild gelten lassen. Schiller erschien uns in idealierem Licht. Unser Aufmucken wurde damals beendet mit der Erklärung, daß wir unreifen Mädel uns darüber kein Urteil erlauben könnten." (Stutz, Anm. 2, S. 14)

Die bürgerliche Sitte verlangt von den Mädchen und Frauen die Anerkennung eines geachteten Mannes, dessen letzte, ausgezeichnete Station sie sind. Wie aber sollte ihnen der Dichter Goethe nicht problematisch werden, in dessen Biographie das Werden und das Geworden-Sein, der leidenschaftliche Liebhaber und der reife Mann, der Abenteurer und der geehrte Meister in eins gedacht sind? In der Biographie Goethes markieren die Frauen die Stufen seiner Entwicklung. Jede hat ihre Szene für eine bestimmte Zeit. Die Verehrerinnen, die in seiner Poesie ewige Gültigkeiten suchten, konnten sich schwer mit der vergänglichen Rolle der anregenden Kurtisane abfinden, die eine Frau hier zu spielen hatte. Eine Studentin berichtet von jahrelangen Qualen, welche ihr das Schwanken zwischen Verehrung und Abscheu bereitete, von ihren Kämpfen, die sie in Weimar überfielen, als sie sich an Ort und Stelle den geistig verehrungswürdigen und zugleich erotisch zwielichtigen Mann in seiner täglichen Umgebung vorstellen mußte.

„Ich zog wohl mit der unbekümmert frohen Schar meiner Klassenkameradinnen nach Tiefurt und stand mit ihnen an einem mondlicht durchfluteten Abend im Weimarer Park, an dem uns

Goethes wundervolles Mondlicht erst ganz nachfühlbar wurde. Aber wo ich auch stand, überall trat der Zweifel – mehr noch: die bittere Überzeugung in meine Seele, daß diese Welt erst dann wirklich erfaßt worden wäre in ihrer ganzen Tiefe, wenn sie erlebt worden wäre in der Kraft einer unverbrüchlichen Liebe.“ (Stutz, Anm. 2, S. 119)

Der Erzieher des gebildeten Bürgertums

Auch wenn Goethe mit viel Trivialliteratur wie unter anderem gelesen wird, bleibt er doch bei aller Popularität in der Hand der gebildeten Schicht. Sie verhindert es, daß ihr Dichter zur volkstümlichen Figur herabkommt. Auch wenn die Verehrer ihr Leben selbst mit dem seinen zu vergleichen wagen – so ziehen sie ihn doch nie so tief herab, daß sie sich zu ihm nicht doch noch emporheben sollten. Das Verhältnis von Distanz und Nähe, das man zu Goethe hat, ist ein Kennzeichen jener Vornehmheit, die seinem Wesen eignet. Auch beruht Goethes Popularität unter den Gebildeten nicht auf dem Verständnis seines Werkes, aus dem ohnehin immer nur bestimmte Titel ausgewählt wurden: Die Jugendlyrik, ‚Iphigenie‘, ‚Faust‘, ‚Hermann und Dorothea‘, ‚Wilhelm Meister‘. Um den Inhalt der Werke aber konnte es den Bewunderern am wenigsten gehen, da doch lediglich der gute Ton zur Lektüre verpflichtete.

Populär und weitverbreitet im wörtlichen Sinne sind Goethes Schriften tatsächlich nie gewesen. Wohl mag der große Name einmal einen Ungebildeten zu einer enttäuschenden Beschäftigung mit dem Dichter verleitet haben. Den Erfolg solcher Ausflüge in den Geist schildert eine Satire von Glaßbrenner im ‚Politischen Eckensteher‘. Der Rentier Buffey, jene Karikatur des Berliner Kleinbürgers, berichtet in einem Brief an den Freund Flitter über einen Besuch der Aufführung des ‚Torquato Tasso‘. Buffey genießt geradezu das selbstbewußte Unbehagen der unteren Schichten an der Kultur. An dem wohlgekleideten Weimaraner Minister und seiner kühlen Poesie läßt er den Unwillen des Zurückgebliebenen aus:

„Jethe hat mich nämlich nie jefallen können, weil er allens so von sonne kalte Seite anfaßt, so mit Jlaceehandschen, nicht aus't Herz raus. Er besitzt Vernunft, des is wahr, aber er is mir zu vornehm und zu stille, er hat keenen Schwunk, Fantarsie heeßt des. Un denn fehlt et ihm ooch an Riehrung un an Wahrheit, denn wenn er mal Mensch sind will, denn hängt er sich jedes Mal noch drei Mäntel um, damit er sich nich erkältet.“[6]

Das – reichlich stilisierte – Interview mit einem Arbeiter, das Karin Struck im ‚Literaturmagazin 2‘ veranstaltet, belehrt uns darüber, daß es auch hundert Jahre danach nicht anders um die Volkstümlichkeit Goethes bestellt ist. Im Unterschied zum Rentier Buffey, den an Goethe die Glacéhandschuhe und das kalte Herz störten, hält sich der Arbeiter, moderner in seinem Bewußtsein von der Wichtigkeit der frühkindlichen Erziehung, über Goethes Kinderstube auf:

„Weder zu Hölderlin noch zu Goethe kann ich etwas Gescheites sagen, selbst wenn ich mich dazu zwingen könnte. Als Dreizehnjähriger las ich in meinem Jugendlexikon, daß Goethe eine

---

(6) Der politische Eckensteher, hrsg. von Jost Hermand, Stuttgart 1969, S. 97.

wohlbehütete Kindheit genoß. Diesen Satz habe ich mir sehr eingeprägt. Die wenigen Sachen, die ich von Goethe gehört, gesehen oder gelesen habe, waren immer von diesem einen Satz überschattet, der wie ein Stachel in mir sitzt. Mag sein, daß ich Goethe Unrecht tue, und schließlich kann er ja nichts für seine wohlbehütete Kinderzeit, aber dieser Satz hat es verhindert, daß ich überhaupt je eine Verbindung zu ihm fand."[7]

Auf die Verdinglichung der Verehrung verzichtet der gebildete Bürger. Zwar wallfahrten die Anhänger nach Weimar, doch befestigen sie ihre Erinnerung nicht durch Souvenirs und Devotionalienkitsch. Das Schicksal Mozarts, der in Salzburg Pralinenschachteln und Schokoladenkugeln ziert, ist Goethe erspart geblieben. Lediglich als Miniaturbüste kann er einmal unter die Nippes der Vitrinen geraten. Mit einer derartigen Vermarktung seines Bildes hatte schon zu Lebzeiten der geschäftstüchtige Verleger Justus Friedrich Bertuch den Dichter geärgert, als er ihn und Schiller, in Gips gegossen, bis nach England verhandelte. Im übrigen aber läßt es sich die Goethe-Verehrung angelegen sein, die Würde und Unsterblichkeit ihres Genius nicht anzutasten. Zu seiner Erhöhung bedient sie sich antiker Stilmittel: Das Denkmal verherrlicht Goethe als Heros, die Medaille verewigt ihn als Cäsar. Lediglich die Briefmarke, die papierene und verwesliche Nachbildung der Medaille, hat dem Dichter hin und wieder eine soziale Allgegenwart verschafft. Als der größte deutsche Dichter liegt er mit den meisten Marken an der Spitze: Bis 1963 etwa wurden von der Reichs- oder Bundespost 30 Briefmarken für Goethe, 23 für Schiller, 4 für Heine und 4 für Hauptmann verkauft.

Die sublimste Goetheverehrung scheint dort angetreten zu sein, wo der Leser selbst zum Dichter wird. Die beliebten Umfragen regen immer wieder Talente an, eine Nachdichtung der gefeierten Poesie zu wagen.

Neben den Biographien, die sich nur wenig Freiheit lassen gegenüber den Auskünften der Quellen und Texte, die Goethe hinterlassen hat, lösen Autoren von Trivialliteratur einzelne Szenen aus Goethes Leben heraus, um sie zum Novellen- und Romansujet zu machen. Franz Lehar verkitscht das Sesenheimer Idyll zum Singspiel ‚Friederike'. ‚Kennst du das Land . . .' heißt eine Liebesschnulze von Helene Christaller, ‚Sonnenspektrum' ist der Titel eines Romans, der Goethe als den „Künder des Lebens", den Wegweiser zum Glück preist.

Wem es an dichterischer Begabung mangelt, der kann immerhin seinen Tag mit Zitaten aus Goethes Werk füllen. ‚Goethe-Kalender', Duodezbändchen unter dem Titel ‚Mit Goethe durch das Jahr', sogenannte ‚Goethe-Zeitweiser', die für jeden Tag einen Spruch bereit halten, übertragen frühere Umgangsformen mit der Bibel auf ein literarisches Œuvre. Das Werk wird in erbauliche Sätze aufgelöst. Wurde das Leben Goethes in die Nähe der Alltäglichkeit des Goethe-Liebhabers gebracht, so zerfällt nun auch das Werk in Gedanken, die nicht allzu lang sind, so daß sie nicht doch noch für jedermann begreiflich wären. Die Zerstreuungen, die das tägliche Geschäft dem Verstand zumutet, rafft ein Motto aus Goethes Werk zur tiefsinnigen Erkenntnis zusammen.

In der literarischen Monatsschrift ‚Heute und Morgen' berichtet 1948 eine Schülerin

(7) Karin Struck: Der Dichter ist ein arbeitender Mensch. Über Hölderlin. In: Literaturmagazin 2, S. 122.

aus der DDR über die Studienfahrt ihrer Klasse, deren Hauptziele Weimar und seine Umgebung waren. Das Gebet, das in der christlichen Schule der fünfziger Jahre den Unterricht zu eröffnen pflegte, ersetzt hier der erbauliche Vers aus Goethes Werk:

„In einer täglichen Morgenstunde empfingen wir als ein Geleitwort für den Tag eine Dichtung, ein Musikstück oder auch ein Werk der bildenden Kunst. Auch die Zeiteinteilung und alles übrige lehrte uns ein Goethe. Das Sehen, das Beobachten auf Wanderungen im Schwarzatal, in der Drachenschlucht oder auf dem Rennsteig durch den Thüringer Wald, immer wies er uns hin auf das Wesentliche, gleich, ob biologische oder auch geologische Zusammenhänge. [. . .] Vor den großen Werken der Kunst wie im Naumburger Dom und in Erfurt, aber auch in den alten Basiliken, in deren Räumen Jahrhunderte geborgen liegen, an den Goethe- und Schillerstätten in Weimar, im Rilke-Archiv, [. . .] empfingen wir Ehrfurcht. Ein stolzes Gefühl stieg in uns auf, als wir im größten Eisenhüttenwerk der Ostzone, in der Maximilianhütte, im riesigen Leunawerk und vor allem vor der Hohenwarte-Talsperre an der oberen Saale standen. [. . .] Und so sind wir im Wandern, Zeichnen, Beobachten, Leben und Erleben, Lernen und Lesen Goethescher Lebensart nachgeeifert.“[8]

Der Aufsatz der Schülerin zeigt, daß von Rudolf Steiner bis zu den sozialistischen Programmen Goethe als Leitbild einer Erziehung fungiert, in der sich praktische Information, musische Entfaltung, Naturempfindsamkeit und literarische Bildung vereinen. Goethes alles umfassende Poesie heiligt die Prosa der Verhältnisse und vereinigt die Disparatheit der Phänomene.
Nicht nur als Dichter, sondern auch als Minister, Forscher und Wissenschaftler, ist er Ratgeber in allen Lebenslagen. Seine große Seele konnte sich selbst an Staatsgeschäfte verschwenden; ein tiefes Ahnen habe, so heiße es, in der Routine des Geschäfts den historischen Augenblick erkannt. 1931 gibt der Goethe-Kalender deshalb eine Anweisung, wie sich der pflichtgetreue Staatsdiener über die Grenzen seines kleinen Geschäftsbereichs mit Goethes Hilfe erheben könne:

„Goethe und wer in der Nachfolge Goethes strebt, vermag seine Kräfte gerade in der Arbeit und mittels der Arbeit zu entfalten. Selbst in der Zeit ärgster Belastung mit widerwillig geleisteter amtlicher Tätigkeit hat Goethe niemals auf mechanisierte Weise gearbeitet, sondern unendliche persönliche Substanz in diesen Dienst gespendet. [. . .] Gerade Goethe empfahl allen Menschen, besonders aber seinen Beamten, Tagebücher zu führen, damit ihnen ihre Arbeit wert würde, damit sie den Augenblick als ‘historisch’ und wichtig empfänden.“

Der Gefährte der Wanderer und Soldaten

Dem Augenblick Dauer zu verleihen, ist das Ziel aller Erziehung, die im Zeichen Goethes geschieht. Diese Dauer freilich entsteht nicht aus der wirklichen Bedeutung einer Tätigkeit, sondern aus dem Irrtum der schönen Seele, die sich durch ihre Bewunderung selbst auszeichnet. Die Wandervogelbewegung entwickelt Initiationsriten, die Jugendliche zu einer Gemeinde Auserwählter zusammenschließt. ‚Empfindsames Wandern in Weimar‘, ‚Goethe wandert‘ – so und ähnlich lauten eine Reihe

(8) Lehrfahrt zu Goethe, In: Heute und Morgen 1948 (H. 9), S. 613.

von Titeln, die selbst der kollektiven Sportlichkeit des Wandervogels die Aura faustischen Strebens verleihen. Der Werbetext zu der Anthologie ‚Goethe wandert‘, empfiehlt Goethe als den, der noch immer strebend sich bemüht, wenn er wachsam in die Ferne schweift:

„'Ich Wanderer raffe auf, was ich kann.' Was da Goethe von sich sagt, ein Wort aus der Fremde in die Heimat legt sich auf diesen Blättern auseinander wie ein Sonnenstrahl in allen Farben. Der Wanderer redet, dem es die Ferne angetan, weil er ein Deutscher war; der Allumblikkende, der rastlos schöpft, weil er Goethe war.“

Der deutsche Goethe, der da in die Ferne Italiens, des Harzes, der Schweiz schweift, ist der friedliche Kamerad des Soldaten, der mit Goethe im Rucksack in den deutschen Eroberungskrieg zieht. Nachdem Goethe wahl- und gedankenlos zum Tröster selbst gegen die Mechanik der Amtsgeschäfte geworden war, konnte es nicht ausbleiben, daß er auch der geistige Feldherr und Verteidiger des Vaterlandes wurde. Bereits 1899, im Jahr seines 150. Geburtstages, verteidigt ‚Der Türmer‘, der sich eine „Monatsschrift für Gemüt und Geist“ nennt, die Absicht, ein Goethe-Denkmal in Straßburg aufzustellen, mit dem unbedachten Übermut einer imperialistischen Argumentation:

„Aber nach Straßburg gehört unser alter junger Goethe wirklich hin. Jeder weiß, was Straßburg in seinem Leben zu bedeuten habe. Und neben den vielen Erinnerungen an die Franzosenherrschaft in der noch immer zweisprachigen Stadt empfindet man den Mangel eines Goethe-Denkmals thatsächlich. Ein schöneres Wahrzeichen für den sieghaften deutschen Geist, läßt sich ja auch von keiner Künstlerphantasie ersinnen.“[9]

Auch in den beiden Weltkriegen wird Goethe zum Schutzherrn des deutschen Vormarschs. Der Deutschlehrer staffiert die Schüler mit Goethe für den Krieg aus. Das faustische „Streben“ hat endlich eine konkrete Form gewonnen: den Angriff! 1948 berichtet ein ehemaliger Schüler in der Sammlung ‚Goethe in unserem Leben‘ über seinen Kriegsdienst mit Goethe:

„Dann brach der Krieg aus, und ich wurde zu den Soldaten gerufen. Ich tat noch einen Blick nach meinem Bücherschatz und steckte mir vier Büchlein in den Koffer, die dann lange Zeit meine treuen Begleiter gewesen sind: ‚Faust I‘, ‚Die Räuber‘, den ‚Prinzen von Homburg‘ und ein Bändchen Naturlyrik, in dem vor allem Goethe vertreten war. [...] Mehr noch als alle gedankentiefen Gedichte ist mir da draußen das anspruchslose Volkslied ans Herz gewachsen: ‚Das Heideröslein‘. Ein Blümlein am Rande des Splittergrabens konnte mich alle Gefahren und Sorgen des Kampfes vergessen lassen, es wurde für einige Augenblicke mein Heidenröslein. Es war der Inbegriff von Jugend und Heimat.“ (Stutz, Anm. 2, S. 12)

Nach dem Scheitern des faschistischen Eroberungskrieges erscheint Goethe rückblickend als der Zufluchtsort, zu dem der Soldat sich aus den Niederlagen und Unbilden des Krieges hatte retten können. Im Ersten Weltkrieg hingegen war die Lektüre Goethes eher ein Mittel gewesen, das Gemeinschaftsgefühl zu befestigen und die Begeisterung für das große Ereignis des Kampfes zu erhalten. Für Walter Flex beginnt die Freundschaft mit dem Helden Ernst Wurche, dem er in seinem Kriegs-

---

(9) Jeannot Emil von Grotthus: Goethe in 'Kommission'. In: Der Türmer 1, I (1898/9), S. 476.

roman ‚Wanderer zwischen beiden Welten‘ von 1918 ein Denkmal setzt, durch ein Gespräch über Goethes Poesie:

„Er saß mir gegenüber und kramte aus seinem Tornister einen kleinen Stapel zerlesener Bücher: ein Bändchen Goethe, den Zarathustra und eine Feldausgabe des Neuen Testaments. ‘Hat sich das alles miteinander vertragen?’ fragte ich. Er sah hell und ein wenig kampfbereit auf. Dann lachte er. ‘Im Schützengraben sind allerlei fremde Geister zur Kameradschaft gezwungen worden.’ [. . .] Ein anderer Kamerad sah herüber und sagte: ‘Das Buch habe ich mir beim Auszug auch in den Tornister gesteckt, aber wann hat man hier draußen Zeit zum Lesen gehabt?’ ‘wenn man wenig Zeit zu lesen hat’, meinte der junge Student, ‘so soll man auswendig lernen. Ich habe in diesem Winter siebzig Goethesche Gedichte gelernt. Die konnte ich dann vorholen, so oft ich wollte.’“[10]

Die Wandervogelbewegung, aus der die begeisterte Aufopferung für das Vaterland im Ersten Weltkrieg geboren wurde, machte wenig Unterschied zwischen dem pathetischen Werk Schillers und dem eher esoterischen Jugendwerk Goethes. Die Gefahr des Krieges, die die wohlbehütete bürgerliche Seele zu großen Taten beflügelte, schloß auch Goethe, der sonst als erbaulicher Dichter in besinnlichen Stunden gelesen wurde, in das ungewöhnliche Milieu der Lagerfeuer, der Zeltlager, der Verbrüderungen ein.

Der Geist der Weimarer Republik

Nach dem Ersten Weltkrieg wird Goethe zum „Reichskanzler“ der friedlicheren Zeiten der Weimarer Republik. Um die metaphysische Dimension der Politik zu wahren, entdeckt man im Dichter den Geist schlechthin, der, wenn auch in säkularisierter Gestalt, so doch nicht weniger verbindlich ist als das Gebot Gottes. In der Nationalversammlung, die 1919 in Weimar zusammentrat, empfiehlt Friedrich Ebert als Volksbeauftragter der Sozialdemokraten die Wege der neuen Republik dem „Geiste von Weimar“ und im besonderen dem Geiste Goethes:

„Sorgenvoll blickt uns die Zukunft an. Wir vertrauen aber trotz alledem auf die unverwüstliche Schaffenskraft der deutschen Nation. Die alten Grundlagen der deutschen Machtstellung sind für immer zerbrochen. [. . .] Wie der 9. November 1918 angeknüpft hat an den 18. März 1848, so müssen wir hier in Weimar die Wandlung vollziehen, vom Imperialismus zum Idealismus, von der Weltmacht zur geistigen Größe. [. . .] Jetzt muß der Geist von Weimar, der Geist der großen Philosophen und Dichter, wieder unser Leben erfüllen. Wir müssen die großen Gesellschaftsprobleme in dem Geiste behandeln, in dem Goethe sie im zweiten Teil des Faust und in Wilhelm Meisters Wanderjahren erfaßt hat: Nicht ins Unendliche schweifen und sich nicht im Theoretischen verlieren [. . .], sondern mit klarem Blick und fester Hand ins praktische Leben hineingreifen!“[11]

Der konservative Protest gegen die Forderungen Friedrich Eberts, Goethe zum Primus inter pares einer Demokratie zu machen, stützt sich auf den alten Topos, daß

(10) Walter Flex: Wanderer zwischen beiden Welten. München 1918, S. 9.
(11) Friedrich Ebert: Schriften, Aufzeichnungen, Reden, hrsg. von Friedrich Ebert jun., Bd. 2, Dresden 1926, S. 155 f.

die Dichter an der Seite der Götter, der Fürsten und Könige stünden. Die Klassiker selbst haben diese Vorstellung zur unumstößlichen poetischen Formel geprägt. In seinem Gedicht ‚Die Teilung der Erde' richtet Schiller dem Dichter seinen Sitz an der Seite des Gottes Zeus ein, der, ehe der träumende Poet anlangt, die Welt längst verteilt hatte: „Willst du in meinem Himmel mit mir leben", schlägt Zeus vor, „So oft du kommst, er soll dir offen sein."

Da sich trotz allem die Weimarer Republik mit dem Geiste Goethes identifiziert, verwundert es nicht, daß die politischen Auseinandersetzungen stellvertretend und dennoch handgreiflich an seinem Bilde stattfanden. Seine Denkmäler wurden nicht selten beschädigt oder mit Parolen beschmiert, ein Zeichen dafür, daß die Rhetorik der Festvorträge, die Mahnungen der Politiker und Kulturredner sich auf die falsche Weise in die Herzen der Bevölkerung eingeschrieben hatten. In der Zeitschrift ‚Das Tagebuch' untersucht Stefan Grossmann 1920, weshalb die Monumente der Klassiker so oft angegriffen würden. Denkmalschändung ist für ihn die demokratische Form der Majestätsbeleidigung.

„Vor allem sind [die Denkmäler von Kaisern und Feldherrn] geschützter, weil [sie] ja fast immer zu Pferde sitzen. Hingegen gibt es keinen Goethe zu Roß (obwohl er ein famoser Reiter war und zu Pferde nicht übel ausgesehen hat). Die Dichter sind auf ihren Denkmälern gewöhnliche Zivilisten. Das macht sie dem Griff der Denkmalschänder bequemer erreichbar. Will so ein Beschmutzer Wilhelm den Großen mit Pech besudeln, so muß er sich erst auf den Sockel und dann erst auf das bronzene Pferd schwingen. Dem wehrlosen Schiller ist die schwarze Schmiere schnell 'in die Fratze' gewischt. Bei Wilhelms Denkmal reicht der Sudler nur bis zu den Hinterbacken des kaiserlichen Rosses. Immer sind Dichter wehrloser. [. . .] Nie ist ein Zeitalter Goethe, Schiller, Grillparzer, Heine, Anastasius Grün ferner gewesen als dieses heutige, in den Attentaten auf den Geist von Weimar steckt die unbewußt stärkste Demonstration des Geistes von 1920. Laßt euch nicht verwirren durch das Geschwätz von langweiligleeren Unterstaatssekretären, Ministern und Reichspräsidenten, daß der Geist von Weimar über den von Potsdam gesiegt habe. In Wirklichkeit siegt der Geist der Gewalttätigkeit allerorten, an jedem Tage."[12]

Der Vergleich mit den Feldherrn, Fürsten und Kaisern zeigt, daß die Weimarer Republik auf symbolische Figuren, in denen sich der Staat inkarniert sieht, offensichtlich nicht verzichten kann. Die Identifikation des Staates mit dem Kaiser wird auf den Dichter übertragen. In seinem Denkmal sieht sich nun der Republikaner selbst geehrt oder geschändet.

Wo die Anhänger Goethes tatsächlich politische Programme verfolgen, sind sie rührend und hilflos. Wie die bereits entmachteten Fürsten eines aufgeklärten Staates versprechen sie dem Volk kleine Gaben, machen ihnen Zugeständnisse auf Ämter, um bei aller guten Absicht die wirkliche politische Lage gänzlich zu verkennen. Josef Nadler empfiehlt 1926, das Einkommen der Goethe-Gesellschaft aus dem Jahrbuch, das 19 000 Mark betrug, für die Ausbildung von Proletarierkindern zu spenden. Im ‚Hochland' schreibt er:

„Wenn man durch die Proletarierviertel der Großstadt geht und den Kindern zusieht, dann beschleicht einen der gelinde Zweifel, ob das Goethejahrbuch das Richtige ist. Welche Welt

(12) Stefan Grossmann: Attentat auf Goethe, in: Das Tagebuch (1) 1920, S. 809.

von Schönheit und Wissen und Güte ist der Menschheit verloren gegangen, weil die Begabung einer ganzen Volkshälfte ihre Plätze von minder Berufenen, aber besser Bedachten versehen sah. [. . .] Noch immer ist der geistige Vorrat der Arbeiterklasse nicht angebrochen. Ein einziges Kind aus Gefahr und Not zur Höhe geleitet gälte vielleicht vor Goethes Augen mehr als sämtliche schon erschienene oder zu erwartende Goethe-Jahrbücher [. . .]. Die Goethepädagogik wäre zugleich eine große, kulturpolitische, soziale, ständeversöhnende Tat."[13]

Josef Nadler plant eine oktroyierte Popularität, die Versöhnung mit dem Proletariat ist eine Geste von oben herab. „Die Welt von Schönheit und Wissen und Güte", die er verspricht, ist nicht die Wirklichkeit, in der sich leben läßt. Nadler versieht die abgegriffensten Leitgedanken der Goethe-Verehrung, jene vielzitierte Floskel von „Edlen, Guten, Schönen" mit einem Schein von Realität, um lediglich „den geistigen Vorrat der Arbeiterklasse" auszuschöpfen.

Die Politik, die das Bürgertum mit Goethe treibt, ist eine des guten Willens, die politische Richtung, der die Goethe-Verehrer zuneigen, ist ein liberaler Konservativismus. Er ist anti-modern, weil sich all seine Reformvorschläge auf die Kultur beziehen. Die ökonomischen und technischen Bereiche des 20. Jahrhunderts werden gelassen übersehen.

Von der Freiheit der Wissenschaft, der Presse, der Meinungsäußerung bis zur Majestätsbeleidigung verficht die Gefolgschaft Goethes alles, was „wahrhaftig" ist. Gegen die Gesetzgebung des realen Staates, der das materielle Gut des einzelnen schütze, so heißt es, habe sie ein „Parlament" zu errichten, das die geistigen Werte wahrt, sie habe eine Vertretung darzustellen, die nicht die Interessen, sondern die „Intelligenz des Volkes" verteidige.

Es ist nicht die Schuld eines Dichters, der weiß, daß er für lesende und gebildete Menschen schreibt, wenn er nicht alle Probleme einer Generation löst. Es bekundet aber die Naivität seiner Verehrer, wenn sie sein Werk als Allheilmittel mißverstehen. Die Verbreitung des Goetheschen Geistes bei der „Masse" war der gebildeten Elite, so sehr sie sich auch durch die Bekanntschaft mit der Poesie wie durch ein Geheimwissen ausgezeichnet wußte, stets angelegen. Sie gelang jedoch immer nur als momentane Volksbelustigung an den Fest- und Feiertagen des Dichters. Die Menge war klüger als ihre Beglücker, wenn sie die Verehrung zum Tanz um das goldene Kalb der Poesie machte. Mehr als der Fetisch eines Gottes war ihm tatsächlich nicht präsentiert worden. Von Triumphzügen, Aufmärschen, Weihestunden, Festspielen berichtet ‚Das literarische Echo' aus Frankfurt, wo 1899 der 150. Geburtstag Goethes ein großes Volksfest gewesen war:

„In zahlreichen Vereinen waren Festvorträge veranstaltet, darunter solche, die der Bedeutung Goethes als Mann der Wissenschaft gerecht wurden, Volksvorlesungen, in denen die verschiedenartigen Betätigungen seines Geistes zur Darstellung gelangten. [. . .]

Die Stadt selbst bot in ihrem reichen Fahnenschmuck ein glänzendes Bild. Auf den Straßen wogte eine bewegte Menge, und der Fackelzug am Vorabend des Festtages, an dem über 12 000 Personen, darunter zahlreiche Vereine und Handwerker-Genossenschaften im Kostüm teilnahmen, war in der reich, ja märchenhaft illuminierten Stadt ein unbeschreiblich schöner Anblick."[14]

---

(13) Goethegesellschaft. In: Hochland 1926, S. 106.
(14) Sigmund Schott: Die Frankfurter Goethe-Feier. In: Literarisches Echo 1 (1899), Sp. 1568.

Ein nationales Symbol, wie es Goethe geworden ist, ist Name und Zeichen, nie Sache oder Person. In seiner Rezeptionsgeschichte erkennt sich eher das Jahrhundert, als daß man in ihr den Autor zu erkennen vermöchte. Volksversammlungen und Kriege, Reden zum ewigen Frieden und erbauliche Predigten, Idole der Menschenfreundlichkeit und Vorbilder der Moral, Beispiele des guten Geschmacks und Vertreter der Libertinage hat es zu allen Zeiten gegeben. Daß alle zusammen in Goethe ihren Begriff finden konnten, ist das Eigentümliche an der Rezeptionsgeschichte dieses Dichters. Andere Vorbilder waren auf *eine* geistige oder soziale Schicht, auf *einen* Kreis von Problemen beschränkt: Schiller ist der Held der nationalen Einigung, Heine der einzige Heilige der kritischen Köpfe, Brecht der Dichter der politischen Linken. Goethe allein genießt die Anerkennung aller. So mag, was man ihm als Universalität des Geistes und Charakters anrechnet, nichts anderes sein als die Orientierungslosigkeit einer offenen Gesellschaft, wie sie sich im 20. Jahrhundert entwickelte! Sie experimentiert unter wechselnden Maximen. Goethes Werk ist an ihnen nicht arm, sie reichen für ein ganzes Menschenleben und für ein neues Goethe-Jahr.

Privatdoz. Dr. Hannelore Schlaffer, Mörikestr. 32, 7000 Stuttgart 1

Klaus Oettinger

Verrucht, aber schön . . .

Zum Skandal um Goethes ‚Römische Elegien'

Im Zuge der Kanonisierung Goethes zum Klassiker ist schon während des 19. Jahrhunderts in der gebildeten Öffentlichkeit wie in der literarhistorischen Forschung weithin verdrängt worden, daß viele seiner Dichtungen bei den Zeitgenossen Ärgernis erregt, zumindest Irritationen ausgelöst haben. Das gilt auch für die ‚Römischen Elegien'. Im folgenden sollen die kritischen Stimmen der Zeit zitiert und im Hinblick auf ihre impliziten literarischen und moralischen Normen interpretiert werden. In der Reflexion des zeitgenössischen Widerstandes ist die lyrikgeschichtliche Innovation der Elegien mittelbar zu erschließen.

Die Gräfin Henriette von Egloffstein gehörte zu jenen vorzüglichen Damen der Weimarer Hofgesellschaft, deren Verheiratung mit dem Herrn Geheimrath von Goethe von der Gemahlin des Großherzoglichen Oberstallmeisters, von Charlotte von Stein, zeitweise recht ernsthaft betrieben wurde. Noblerweise geschah dies so diskret, daß die beiden Betroffenen selbst gänzlich ahnungslos blieben. Dem Unternehmen war, wie bekannt, leider kein Erfolg beschieden. Als die Gräfin indessen nachträglich von den so trefflichen Plänen ihrer mütterlichen Freundin erfuhr, gab sie sich in höchstem Maße entrüstet: „In Betreff Goethes sehe ich mich aus verschiedenen Gründen bewogen, hier aufrichtig zu gestehen", schreibt sie in ihren Denkwürdigkeiten, „daß ich in ihm nie den Menschen, sondern nur das allumfassende Genie bewundert und geliebt habe . . . Ich zürnte im Herzen auf Frau von Stein, daß sie jemals auf den Einfall kommen konnte, eine Verbindung zwischen mir und Goethen stiften zu wollen, da schon der bloße Gedanke daran mich schaudern machte, weil ich mir nichts Ärgeres denken konnte, als mit einem ausschweifenden Manne vermählt zu sein . . ."[1] – Dieses Urteil über Goethe ist zumindest nach 1788, nach seiner italienischen Reise, keineswegs ausgefallen. Daß er im Süden „sehr sinnlich" geworden sei, dies war nahezu einhellige Meinung aller derjenigen, die ihn vorher vertraulich gekannt hatten.[2] Seine moralische Reputation wurde freilich vor allem dadurch ruiniert, daß er, kaum nach Weimar zurückgekehrt, sich über alle Konventionen der Gesellschaft hinwegsetzend, „Mamsell" Vulpius, die Tochter eines stadtbekannten Säufers und Zuchthäuslers, nicht nur als gelegentlichen Bettschatz erkor,

(1) Goethes Cour d'Amour. Bericht einer Teilnehmerin, nebst einigen Briefen, mitgeteilt von Frh. Carl von Beaulieu-Marconnay. In: Goethe-Jahrbuch 6. Bd./1885, S. 61.
(2) Charlotte von Stein in einem Brief vom 27. Juli 1795 an Schillers Frau. In: Charlotte von Schiller und ihre Freunde. Stuttgart 1860–65, Bd. 2/S. 301 f.

was man wohl allenfalls verziehen hätte, sondern dieselbe wenn nicht in allen Ehren, so doch mit beträchtlichen häuslichen Rechten samt ihrer näheren Verwandtschaft in sein Hauswesen aufnahm und sich mit ihr offensichtlich in ein geradezu familiäres Verhältnis einließ. Diese ominöse Liaison mit einer Frau, der böse Zungen unterstellten, sie sei „eine allgemeine H– vorher gewesen“[3], wurde nicht nur in Weimar, sondern in ganz Deutschland als Skandal ersten Ranges empfunden. Goethes Zeitgenossen, nicht nur seine Feinde, sondern auch seine Freunde, scheuten sich nicht, sich privat und öffentlich aufs schmählichste über dieses Verhältnis auszulassen.

Zu dieser dreist gelebten Unsittlichkeit mochten nun die Dichtungen, die Goethe in den neunziger Jahren veröffentlichte, sehr wohl passen – allen voran die ‚Erotica Romana‘, die später sogenannten ‚Römischen Elegien‘, die 1795 im 6. Heft der von Schiller herausgegebenen ‚Horen‘ erschienen sind.

Goethe hat diese Elegien etwa zwischen 1788 und 1790 geschrieben. Er konnte sich jedoch nicht entschließen, dieselben in Druck zu geben, weil die Freunde, insbesondere Herder, heftig widerrieten. Verwunderlicherweise machte auch Seine Durchlaucht, der in Fragen der Moral ja weiß Gott nicht eben verkniffene Herzog Karl August, Einwände geltend, was Frau von Stein denn auch zu der Bemerkung veranlaßte: „Wie unsern gnädigsten Herrn just einen Moment diese pedantische Sittlichkeit überfallen hat, begreife ich nicht.“[4] Als Schiller sich dann aber seit 1794 mit dem Gedanken trug, eine neue Zeitschrift zu gründen und dafür taugliche Beiträge suchte, gelang es ihm, Goethe zu überreden, die Elegien für die ‚Horen‘ freizugeben. Die „derbsten“ Stücke freilich wurden weggelassen, „um die Decenz“, wie Schiller an Körner schreibt, „nicht zu sehr zu beleidigen“[5], – die „derbsten“ Stücke : das sind jene Elegien, die erst posthum im 53. Band der Sophien-Ausgabe anno 1914 publiziert worden sind und deren Aufnahme in Goethes gesammelte Werke man bis zum heutigen Tage mit Recht nur selten für schicklich befunden hat.

Diese nun also in 'gereinigter' Fassung vorgelegten ‚Römischen Elegien‘ haben beim Publikum eine geteilte Resonanz gefunden. Die Rezensenten zeigten sich meist wohl gesonnen, wenn auch dann und wann die Meinung geäußert wurde, daß Goethe die eine oder andere Stelle „ohne Nachtheil der Leser, und ohne einen Raub an der Poesie zu begehen ... für sich [hätte] behalten können“. Doch diese überwiegend freundlichen öffentlichen Urteile täuschen. Die zahlreichen privaten Äußerungen, die bekannt geworden sind, lassen erkennen, wie sehr man sich über diese Dichtungen aufregte. „Alle ehrbaren Frauen sind empört über die bordellmäßige Nacktheit“, schreibt Karl August Böttiger.[6] Und Herder meinte, Goethe habe damit „der Frechheit ein kaiserliches Insiegel aufgedrückt“, die ‚Horen‘ verdienten fürder-

---

(3) Brief von Caroline Herder vom 8. Mai 1789 an ihren Mann, zitiert nach: Goethe in vertraulichen Briefen seiner Zeitgenossen, hrsg. von W. Bode, Berlin 1921–23, Bd. 1, S. 428.
(4) Brief vom 7. November 1794 an Schillers Frau. In: Charlotte von Schiller ... (s. Anm. 2), Bd. 2, S. 298.
(5) Schillers Briefe, Hrsg. und mit Anmerkungen versehen von Fritz Jonas. Kritische Gesamtausgabe, Stuttgart, Leipzig, Berlin, Wien o. J., Bd. 4, S. 213.
(6) In einem Brief vom 27. Juli 1795 an Fr. Schulz, zitiert nach H. G. Gräf, Goethe über seine Dichtungen, Darmstadt 1967, III. Teil, 1. Bd., S. 177.

hin mit einem „u" gedruckt zu werden.[7] Auch der Herzog zeigte sich ungehalten, in einem Brief an Schiller schreibt er:

„Die Elegien hatten mir sehr wohl gefallen, da sie mir der Autor vorlas oder hererzählte, indessen glaubte ich immer, er würde sie noch etwas liegen lassen, ehe er sie öffentlich erscheinen ließ. Wenn sie vor dem Druck in die Hände mehrerer Freunde gegeben worden, so würde man vielleicht den Autor vermocht haben, einige zu rüstige Gedanken, die er wörtlich ausgedrückt hat, bloß errathen zu lassen, andere unter geschmeidigeren Wendungen mitzutheilen, noch andere ganz zu unterdrücken ... Ich sollte doch glauben, daß alle diejenigen, welche durch den Namen, den ihnen das Schicksal verliehen hat, zu Vorstehern und Stammhaltern des literarischen Volkes gestempelt sind, diese Launen verbannen sollten."[8]

Solche und ähnliche Reaktionen, die für uns zunächst befremdlich sind – die verwegensten Passagen blieben ja, wie gesagt von der Publikation ausgeschlossen –, werden alsbald verständlich, wenn man sich der Mühe unterzieht, den Rezeptionshorizont der Zeit zu rekonstruieren.

Es erschiene nun naheliegend, die Provokation der ‚Römischen Elegien' aus dem Kontrast der hier gestalteten Beziehungen zwischen Mann und Frau zur herrschenden Liebesauffassung der Zeit zu erklären. Ein solcher Versuch erweist sich indessen angesichts der verwirrenden Vielfalt der seinerzeit vertretenen und gelebten erotischen Einstellungen als außerordentlich schwierig. Kaum jemals zuvor und kaum irgendwo anders wurde so viel, so tiefschürfend und von so widerspruchsvollen Ansätzen aus über die Liebe reflektiert, über die Liebe korrespondiert und diskutiert wie gerade in den letzten Jahrzehnten des 18. Jahrhunderts in Deutschland. Dabei überlagerten sich englische und französische Einflüsse, überkreuzten sich rationalistische und pietistische Ideen, Gedankenzüge der Aufklärung und Haltungen der Empfindsamkeit, trafen die auf Systemveränderung ausgehenden Thesen des „Sturm und Drang" auf die Normen einer insbesondere noch an den Höfen vielfach dominierenden konservativen Rokokogesellschaft. Paul Kluckhohn hat in seinem ebenso trockenen wie materialreichen Buch über ‚Die Auffassung der Liebe in der Literatur des 18. Jahrhunderts und der deutschen Romantik' ausführlich über die diversen Liebeskonzeptionen der Zeit referiert. Aus Kluckhohns Buch geht hervor, daß die unter so verschiedenen Voraussetzungen geführte Diskussion in diesen Jahren allenfalls durch eine gemeinsame Problemstellung zusammengehalten wurde: Wie denn der Dualismus zwischen Sinnenliebe und Seelenliebe, zwischen der körperlichen, animalischen, triebhaften, venerischen Liebe und der geistigen, vernünftigen, moralischen, metaphysischen Liebe, zwischen amour physique und amour de tendresse, zwischen dem tierischen Kitzel und der spirituellen Communio, zwischen Wollust und Begierde einerseits und der wahren, reinen Liebe andererseits

(7) Nach einer Äußerung von K. A. Böttiger in dem in Anm. 6 zitierten Brief.
(8) Brief vom 9. Juli 1795 an Schiller. In: Karl Augusts erstes Anknüpfen mit Schiller. Hrsg. von Emilie von Gleichen-Rußwurm, Stuttgart und Augsburg 1857, Nr. 8.
Schiller kommentiert am 4. August 1795 diesen Brief wie folgt: „Der Brief des Herzogs ist drollig genug. Die Idee wird wohl seiner Frau, sowie die Humanität darin Herdern angehören. Indeß ist er doch artig gedacht, und es ist immer viel, daß ein Herzog überhaupt an so etwas denkt und wenn es ihm einfällt, es so bescheiden und diskret vorträgt." Briefwechsel zwischen Schiller und Wilhelm von Humboldt. 3. Aufl. hrsg. von A. Leitzmann, Stuttgart 1900, S. 67.

wenn nicht überwunden, so doch ausgetragen werden könne. Was dazu von Klopstock, Bürger, Wieland, Jacobi, Jean Paul und der Fürstin Gallitzin, von Hamann, Heinse, Herder, Hippel, Hommel und Humboldt alles gesagt wurde, läßt sich auf keinen gemeinsamen Nenner bringen. Da nun einerseits Leser ganz unterschiedlicher Positionen, wie etwa Charlotte von Stein oder der Herzog Carl August, an Goethes ‚Römischen Elegien' Anstoß nahmen, da andererseits Leser, die dem gleichen Lager angehörten, wie etwa Herder oder Wilhelm von Humboldt, zu einander ganz entgegengesetzten Urteilen kamen – Herder war, wie gesagt, entrüstet, Humboldt hingegen überschwenglich begeistert –, wird man sich wohl davor hüten müssen, das Ärgernis dieser Dichtungen allzu kurzschlüssig mit dem Hinweis auf die Verletzung eines einheitlich herrschenden Liebesideals zu erklären.
Wohl aber wird man feststellen dürfen, daß in den ‚Römischen Elegien' die Liebesbeziehung in einer Weise zur Sprache gebracht wurde, die für eine an der Liebesdichtung der Zeit, auch an Goethes eigenen früheren Liebesdichtungen orientierte Leserschaft schockierend neu war.
Neu in den ‚Römischen Elegien' ist zunächst die unbefangene Darstellung des im weitesten Sinne materiellen Verhältnisses zwischen Mann und Frau. Da wird der Leser mit dem Milieu bekannt gemacht, er wird in die Familienbeziehungen und den Familienstand der Geliebten eingeweiht, selbst so prosaische Gesellen wie kläffende Hunde und geschäftige Flöhe werden der Erwähnung für würdig befunden, es wird unumwunden die Genugtuung darüber geäußert, daß dieses Verhältnis von der Furcht vor venerischen Krankheiten, die damals noch grassierten, nicht belastet ist, und ohne Scheu wird mitgeteilt, daß auch das schnöde Geld eine nicht unbeträchtliche Rolle spielt:

„[Sie] Freut sich, daß er das Gold nicht wie der Römer bedenkt.
Besser ist ihr Tisch nun bestellt; es fehlet an Kleidern,
Fehlet am Wagen ihr nicht, der nach der Oper sie bringt.
Mutter und Tochter erfreun sich ihres nordischen Gastes,
Und der Barbare beherrscht römischen Busen und Leib."[9]

Neu im Vergleich zur erotischen Dichtung der Zeit ist in den ‚Römischen Elegien' aber erst recht die intensive optische und haptische Vergegenwärtigung des – im buchstäblichen Sinne – bloßen Leibes der geliebten Frau. In der lasziven Literatur des 18. Jahrhunderts wurde niemals der nackte Körper, sondern immer nur der entkleidete, der im Widerspiel von Begehren und Sträuben, von Verhüllen und Entblößen endlich eroberte oder preisgegebene Körper, niemals der nur betrachtete, sondern immer der verführende oder verführte, der im Grunde immer nur ein berechtigter- oder unberechtigterweise verbotenes Vergnügen verheißende Körper präsentiert. Goethe hingegen bekennt sich in den ‚Römischen Elegien' ungeniert zur Lust der reinen sinnlichen Anschauung des wohlgestalteten nackten Menschen:

(9) Hamburger Ausgabe Bd. 1, ^{4}1958, S. 158 (II. Elegie).

„Aber die Nächte hindurch hält Amor mich anders beschäftigt;
Werd ich auch halb nur gelehrt, bin ich doch doppelt beglückt.
Und belehr ich mich nicht, indem ich des lieblichen Busens
Formen spähe, die Hand leite die Hüfte hinab?
Dann versteh ich den Marmor erst recht; ich denk und vergleiche,
Sehe mit fühlendem Aug, fühle mit sehender Hand.
...
Oftmals hab ich auch schon in ihren Armen gedichtet
Und des Hexameters Maß leise mit fingernder Hand
Ihr auf den Rücken gezählt. Sie atmet in lieblichem Schlummer,
Und es durchglühet ihr Hauch mir bis ins Tiefste die Brust.“[10]

Und deutlicher noch die folgende Szene:

„Sie bewegt sich im Schlummer und sinkt auf die Breite des Lagers,
Weggewendet; und doch läßt sie mir Hand noch in Hand.
Herzliche Liebe verbindet uns stets und treues Verlangen,
Und den Wechsel behielt nur die Begierde sich vor.
Einen Druck der Hand, ich sehe die himmlischen Augen
Wieder offen. – O nein! laßt auf der Bildung mich ruhn!
Bleibt geschlossen! ihr macht mich verwirrt und trunken, ihr raubet
Mir den stillen Genuß reiner Betrachtung zu früh.
Diese Formen, wie groß! wie edel gewendet die Glieder!
Schlief Ariadne so schön: Theseus, du konntest entfliehn?“[11]

Hier ist die Geliebte einige Verse lang nichts als ästhetisches Objekt, sie wird zum schönen Gebilde entrückt, die personale Beziehung wird für einen Augenblick nicht nur suspendiert, sondern geradezu verweigert. Dies war zumindest in der neueren Liebesdichtung bisher unerhört.
Liest man nun die Zeugnisse der Zeitgenossen, so stellt sich heraus, daß die Provokation dieser Dichtung aber insbesondere darin bestand, daß all dies in der Ich-Perspektive, im Modus der Selbsterfahrung dargestellt wurde. Goethes zeitgenössische Leser waren gewohnt, seine Dichtungen autobiographisch zu lesen, als „Bruchstükke einer großen Konfession“, wie Goethe selbst später sein Schaffen interpretiert hat. So waren seinerzeit ‚Die Leiden des jungen Werther‘ gelesen worden, so wurden nun die ‚Römischen Elegien‘ gelesen. Der allzeit geschwätzige Karl August Böttiger scheint Bescheid zu wissen: „Die meisten Elegien sind bei seiner Rückkunft im ersten Rausche mit der Dame Vulpius geschrieben. Ergo ...“[12] – und nun folgt jenes Satzzeichen, mit dem seit eh und je die Infamie als Diskretion drapiert zu werden pflegt, nämlich eine Reihe von Pünktchen. Deutlicher äußert sich Charlotte von Stein, nachdem sie jenes Gedicht gelesen hatte, das Goethe, sich gegen all die Angriffe zur Wehr setzend, als Einleitung seinem Epos ‚Hermann und Dorothea‘ vorauszuschikken gedachte:

(10) H. A. S. 160 (V. Elegie).
(11) H. A. S. 166 f. (XIII. Elegie).
(12) In dem zitierten Brief an Fr. Schulz, s. Anm. 6.

„Also das wäre Verbrechen, daß einst Properz mich begeistert,
Daß Martial sich zu mir auch, der verwegne, gesellt?
Daß ich die Alten nicht hinter mir ließ, die Schule zu hüten,
Daß sie nach Latium gern mir in das Leben gefolgt?
Daß ich Natur und Kunst zu schauen mich treulich bestrebe,
Daß kein Name mich täuscht, daß mich kein Dogma beschränkt?
Daß nicht des Lebens bedingender Drang mich, den Menschen, verändert,
Daß ich der Heuchelei dürftige Maske verschmäht?
Solcher Fehler, die du, o Muse, so emsig gepfleget,
Zeihet der Pöbel mich; Pöbel nur sieht er in mir.
Ja, sogar der Bessere selbst, gutmütig und bieder,
Will mich anders; doch du, Muse, befiehlst mir allein.
. . .
Hast du ein Lorbeerreis mir bestimmt, so laß es am Zweige
Weiter grünen, und gib einst es dem Würdigern hin;
Aber Rosen winde genug zum häuslichen Kranze,
Bald als Lilie schlingt silberne Locke sich durch.
Schüre die Gattin das Feuer, auf reinlichem Herde zu kochen!
Werfe der Knabe das Reis, spielend, geschäftig dazu!
Laß im Becher nicht fehlen den Wein! Gesprächige Freunde,
Gleichgesinnte, herein! Kränze, sie warten auf euch."[13]

Frau von Stein rühmt in einem Brief an Schillers Frau die hohe „poetische" Schönheit dieses Gedichts, womit Goethe das Publikum wieder versöhnen werde, fügt aber hinzu: „Nur schade, daß bei der Gattin, die am reinlichen Herd kocht, Jungfer Vulpius die Illusion verdirbt."[14] Und Alxinger schreibt über eben dieses Gedicht im Hinblick auf die ‚Römischen Elegien':

„Seine [Goethes] Entschuldigung mit Properzens und Martials Beyspiel ist äußerst lahm, da unsere und die römischen Sitten so ganz verschieden sind. Properz durfte es laut sagen, daß er eine glückliche Nacht bey seiner Freundin zugebracht habe. Wenn aber Herr von Goethe mit seiner italienischen Mätresse vor dem ganzen Deutschland in den ‚Horen' den con-cubitum exercirt, wer wird das billigen? Das Ärgerliche und Anstößige liegt nicht in der Sache, sondern in der Individualität; darin liegt es, daß hier nicht der Dichter, sondern der Geheime Rath, die bestimmte Person, redet und uns keine Dichtung, sondern eine wahre Geschichte scheint auftischen zu wollen. Wenn sich ein junger feuriger Mann ein Mädchen hält, wer wird es ihm verargen? . . . Wenn er aber auf offenem Markte die Freuden erzählt, die er eben in ihrer Umarmung genossen hat, werden wir es verzeihlich, erträglich finden? Doch so ein Mensch schadet sich nur selbst. Falls aber Herr von Goethe ad imitationem Martialis anfangen wollte, uns natürliche Gebrechen, ja sogar Laster vorzurücken, wie sollten wir uns dann retten?"[15]

Diese Zeugnisse lassen in aller Klarheit erkennen, in welcher Weise die ‚Römischen Elegien' im Bewußtsein zahlreicher zeitgenössischer Leser realisiert wurden. Die „Unbestimmtheitsstellen" des Textes wurden mit biographischen Realitäten besetzt.

(13) Hermann und Dorothea. H. A. S. 197 f.
(14) Brief an Schillers Frau vom 7. Februar 1797, zitiert nach: Goethe in vertraulichen Briefen (s. Anm. 3), S. 597.
(15) Brief Alxingers an Böttiger vom 25. März 1797, zitiert nach der Ausgabe von Gustav Wilhelm, Briefe des Dichters Johann Baptist von Alxinger, Sitzungsberichte der Akademie der Wissenschaften Bd. 140, Wien 1899, II. Abh. S. 93 f.

Goethe höchstpersönlich schien sich hier mit seiner römischen oder Weimarer Geliebten öffentlich prostituieren zu wollen.
Goethe hatte zwar jene Stelle im ursprünglichen Text, die jedem Leser deutlich genug signalisierte, daß sich hier nicht ein fiktives lyrisches Ich aussprach, sondern eben der historische Goethe –

> „Fraget nun, wen ihr auch wollt, mich werdet ihr nimmer erreichen,
> Schöne Damen, und ihr, Herren der feineren Welt!
> Ob denn auch Werther gelebt? Ob denn auch alles fein wahr sei?
> Welche Stadt sich mit Recht Lottens, der einzigen rühmt?
> Ach, wie hab ich so oft die törichten Blätter verwünschet,
> Die mein jugendlich Leid unter die Menschen gebracht!
> Wäre Werther mein Bruder gewesen, ich hätt ihn erschlagen,
> Kaum verfolgte mich so rächend sein trauriger Geist.“[16]

– diese Stelle also hatte Goethe getilgt. Dennoch bot der Text immer noch ausreichend viele Ansatzpunkte, die eine Identifikation wenn nicht aufdrängten, so doch zuließen. Ohne Zweifel, dieser Fremdling aus dem Norden, dieser „Barbar“, der nach Rom gekommen ist, nicht ins ein für allemal vergangene, heidnische, sondern in das lebendige, katholisch überformte Rom – dieser Fremdling ist ein Mann des 18. Jahrhunderts mit dem sentimentalischen Blick auf das zwischen Kirchen und Palästen in imposanten Ruinen noch gegenwärtige Altertum, der sich der Differenz von Vorwelt und Mitwelt voll bewußt ist, der aus der Sicht der Moderne das Antike als Klassisches begreift, ein Mann, der nicht daran denkt, in ein archaisches Gewand zu schlüpfen, der nicht in einer falschen Toga, sondern „grau, im dunklen Surtout“[17] durch die römischen Straßen wandelt, der, indem er Friedrich den Großen namentlich zitiert[18], die unmittelbare historische Gegenwart demonstrativ in die Wirklichkeit des Gedichts hereinholt.
Es ist kein Wunder, wenn man in diesen Elegien den soeben von seiner italienischen Reise zurückgekehrten Goethe selbst zu erkennen geneigt war. Und wenn es von der „Göttin Gelegenheit“ heißt:

> „Einst erschien sie auch mir, ein bräunliches Mädchen, die Haare
> Fielen ihr dunkel und reich über die Stirne herab,
> Kurze Locken ringelten sich ums zierliche Hälschen,
> Ungeflochtenes Haar krauste vom Scheitel sich auf.
> Und ich verkannte sie nicht, ergriff die Eilende: lieblich
> Gab sie Umarmung und Kuß bald mir gelehrig zurück.“[19]

– dann ist es auch kein Wunder, wenn zumindest die Weimarer Leser hier ein Portrait Christianes vorgestellt sehen mochten, zumal dann, wenn man berücksichtigt, daß Goethe im vertrauten Gespräch mit den Freunden für seine Geliebte als Kosenamen die von ihm selbst für seine Elegien geprägte Gattungsbezeichnung verwen-

(16) H. A. S. 492 (II. Elegie, 1. Fassung).
(17) H. A. S. 161 (VI. Elegie).
(18) H. A. S. 163 (X. Elegie).
(19) H. A. S. 159 f. (IV. Elegie).

dete: Er sprach von seinem „kleinen Erotikon“[20]. Darin also bestand das für die Zeitgenossen so Ärgerniserregende dieser Elegien, daß Goethe selbst hier über sich und seine privatesten Angelegenheiten zu sprechen schien, daß er sich anscheinend nicht scheute, das Intimste nach außen zu kehren, daß er hier der Öffentlichkeit gleichsam einen Blick ins Fenster seiner Schlafkammer zu gewähren schien. – Wieland hatte zwar manche Cochonerie drucken lassen, aber er schrieb dies wenigstens „nicht von sich selbst“, meint Frau von Stein, „wenn Wieland üppige Schilderungen machte, so lief es doch zuletzt auf Moral hinaus, oder er verband es mit ridicules ...“[21]. Im Witz also schien den Zeitgenossen auch das Unanständige salonfähig zu sein, auch das Frivole erschien passabel, wenn man sich am Ende mit einer moralischen Sentenz davon distanzierte. Damit gab man zu erkennen, daß man immerhin grundsätzlich die gesellschaftlichen Normen noch respektierte. Goethe schien diese Normen zu ignorieren, indem er auf jegliche ironische Brechung, auf jedes moralistische Mäntelchen verzichtete, indem er nicht, wie der Herzog empfahl, das Tabuierte mit geschmeidigen Wendungen umging und dem Leser zu erraten überließ, sondern dasselbe ganz offen aussprach, indem er sich nicht wie Wieland in irgendwelche ferne Kulissenwelten begab, sondern dem Leser die scheinbar eigene unmittelbare erotische Erfahrungswirklichkeit anbot. Dies schien schamlosester Exhibitionismus zu sein, dies war für die Zeitgenossen offenbar das „Bordellhafte“ dieser Dichtung.

An der Art und Weise, wie sich diese Entrüstung hier artikuliert, läßt sich in einer in der Geschichte der Literatur seltenen Deutlichkeit verfolgen, wie ein konventionelles Publikum durch eine literarische Innovation derangiert wird, und zwar so, daß diese literarische Innovation als solche vom Publikum gar nicht erkannt, die Künstlichkeit dieser poetischen Rede übersehen, der Kunstcharakter dieser Dichtung ignoriert wird. Goethe selbst scheint dieses Rezeptionsproblem wenigstens ahnungsweise erfaßt zu haben: es sei bedauerlich, äußert er einmal resigniert im Gespräch mit dem Kanzler von Müller, daß der Herzog, „dieser großsinnige Fürst“, stets „auf der Stufe französischer materieller Bildung in Rücksicht auf Poesie stehen geblieben ist“[22].

Man wandte sich nicht direkt an Goethe, um sein Befremden zum Ausdruck zu bringen, sondern an den Herausgeber, an Schiller. Dieser pflegte auf alle diesbezüglichen Unmutsäußerungen zu antworten, er werde zu gegebener Zeit seinen Entschluß, die ‚Römischen Elegien‘ in die ‚Horen‘ aufzunehmen, öffentlich verteidigen.[23] An seinen Gönner, den Herzog Friedrich Christian von Augustenburg, schreibt er beispielsweise:

„Die Elegien ... sind vielleicht in einem zu freien Ton geschrieben, und vielleicht hätte der Gegenstand, den sie behandeln, sie von den ‚Horen‘ ausschließen sollen. Aber die hohe poetische Schönheit, mit der sie geschrieben sind, riß mich hin, und dann gestehe ich, daß ich zwar eine conventionelle, aber nicht die wahre und natürliche Decenz dadurch verletzt glaubte. Ich

(20) So in einem Brief an Herder vom 10. August 1789. Artemis-Ausgabe Bd. 19, S. 151.
(21) In einem Brief vom 27. Juli 1795 an Schillers Frau. In: Charlotte von Schiller ... (s. Anm. 2), Bd. 2, S. 301.
(22) Artemis-Ausgabe, Bd. 23, S. 501.
(23) So in einem Brief an F. H. Jacoby vom 5. Oktober 1795. In: Schillers Briefe Bd. 4, S. 290.

werde in einem künftigen Stück des Journals mir die Freiheit nehmen, mein Glaubensbekenntnis über das, was dem Dichter in Rücksicht auf das Anständige erlaubt und nicht erlaubt ist, ausführlich abzulegen."[24]

Zeitweilig scheint Schiller daran gedacht zu haben, einen selbständigen kleinen Aufsatz über „die Schamhaftigkeit der Dichter" zu verfassen. Doch ließ er diesen Plan wieder fallen und schob stattdessen einige wenige Überlegungen zu diesem Thema in seine Abhandlung „Über naive und sentimentalische Dichtung" ein, die allerdings konsequent in sein ästhetisches Generalkonzept eingepaßt sind.[25]
Der Mensch befindet sich in der gegenwärtigen Gesellschaft – so Schiller – in einem Zustand der traurigsten Entfremdung. Die vielfältigen Möglichkeiten zur Entfaltung seiner natürlichen Anlagen sind den Zwängen der arbeitsteiligen Welt zum Opfer gefallen. Die ursprüngliche Harmonie geistiger Tätigkeit und sinnlichen Lebens ist gesprengt, die geistigen und sinnlichen Kräfte des Menschen haben diverse Entwicklungen genommen – so, daß sie heute in einem gegenseitigen Belastungsverhältnis stehen. Der Blick für „das Ganze menschlicher Natur"[26] ist durch die Nötigungen des Augenblicks verstellt.
Es ist nun die Aufgabe der Kunst, den „beschäftigten Klassen" die Augen für die Totalität des Menschlichen zu öffnen, „Humanität", im schönen Gebilde zum vollendeten Ausdruck zu bringen.
Aus diesem Auftrag leitet Schiller die besonderen Freiheiten und Verpflichtungen des Künstlers gegenüber der Sittlichkeit ab. Schiller versucht zunächst, die jeweils herrschenden sittlichen Konventionen, die dem historischen Wandel unterworfenen moralischen Normen, von dem ewigen, in der „Natur" gegründeten Sittengesetz terminologisch abzugrenzen, indem er in diesem Zusammenhang nur von den „Gesetzen des Anstandes" spricht und diese dann negativ bestimmt.[27] Die „Gesetze des Anstandes" sind für ihn Produkte des Bewußtseins verlorener Unschuld, verlorener Natürlichkeit, sind gleichsam Krücken einer sich selbstbewußt organisierenden Gesellschaft. Sie sind nur dort vonnöten, wo die Selbstverständlichkeit des Handelns und Verhaltens, die Übereinstimmung von sinnlichen Bedürfnissen und moralischen Forderungen verloren gegangen ist. Auf diese „Gesetze des Anstandes" ist nun der Künstler als Anwalt der „Natur" nicht verpflichtet. Er ist davon entbunden, sich an die zwar notwendigen, wenn auch prinzipiell allemal schlechten Kompromisse der Lebenspraxis zu halten. Ihm ist das Recht eingeräumt, sich über die gesellschaftlichen Regeln der Dezenz hinwegzusetzen: „was der unschuldigen Natur erlaubt ist", kann ihm nicht verboten sein.[28]
Um nun dem naheliegenden Mißbrauch dieses Prinzips vorzubeugen, um die Möglichkeit zu versperren, jeden Ausbruch gemeiner Leidenschaft, jeden „Anschlag auf unsere Begierde"[29] mit der pauschalen Zitation der „Natur" zu rechtfertigen, sieht sich Schiller zu Einschränkungen genötigt. Die Freiheit des Künstlers ist jedenfalls

(24) Brief vom 5. Juli 1795. In: Schillers Briefe Bd. 4, S. 202.
(25) Wir zitieren im folgenden nach der Hanser-Ausgabe Bd. 5.
(26) S. 742.
(27) S. 741.
(28) S. 741.
(29) S. 743.

keine Lizenz für Unternehmungen, deren Ziel es ist, aus der Misere des aufgrund der Einseitigkeit seines geschäftigen Lebens in seiner Bestimmung verunsicherten, im Umgang mit sich und mit der Welt zutiefst desorientierten Menschen Kapital zu schlagen. Der Künstler also, der darauf spekuliert, durch willfährige Befriedigung partikulärer Bedürfnisse seiner durch die Verhältnisse lädierten Zeitgenossen deren Beifall zu finden, verrät seinen wahren Auftrag. Ein böser Fall solchen Verrats liegt dort vor, wo der Künstler danach trachtet, die Sinnlichkeit auf Kosten der übrigen Energien des Menschen zu mobilisieren.

Dies ist wohlgemerkt, kein Einspruch gegen Darstellungen, die den Menschen auch als sinnliches Wesen anzusprechen versuchen. Schiller wendet sich hier allein gegen solche Darstellungen, die ausschließlich an die sinnlichen Kräfte appellieren. Darstellungen, in denen die Sinnlichkeit als integriertes Element menschlicher Totalität erscheint, sind für Schiller jedoch durchaus legitim.

Schiller beläßt es leider bei diesen reichlich abstrakten Ausführungen. Daß es aber seine entschiedene Absicht war, damit Goethes ‚Römische Elegien‘ zu retten, macht er deutlich genug, denn er nennt Namen: Während er die „verführerischen Gemälde“ eines Crebillon, Voltaire, Marmontel oder Laclos für unentschuldbar und selbst manche Produkte Wielands für bedenklich erklärt, während er Ovid und alle seine Nachahmer für ganz verwerflich hält, rühmt er die Elegien des Properz, die Elegien des „römischen und deutschen Properz“ – denn jene Werke seien „nur witzig, nur prosaisch, nur lüstern“, diese hingegen „poetisch, menschlich und naiv“[30].

Man wird freilich kaum annehmen dürfen, daß Schiller mit dieser Abhandlung das Verständnis der verärgerten Zeitgenossen für die ‚Römischen Elegien‘ sonderlich gefördert hat, denn indirekt attackiert er mit diesem Plädoyer für Goethe dessen Kritiker aufs empfindlichste, unterstellt er ihnen im Grunde doch nichts weniger als Mangel an Menschlichkeit.[31]

Goethe selbst hatte abgesehen von dem einen Gedicht, das wir bereits zitiert haben:

„Also das wäre Verbrechen, daß einst Properz mich begeistert...“

zu den gegen ihn erhobenen Vorwürfen beharrlich geschwiegen. Erst in einem Gespräch mit Eckermann am 24. Februar 1824 kommt er noch einmal darauf zu sprechen.[32] Eckermann berichtet, Goethe habe ihm zwei „höchst merkwürdige Gedichte“ gezeigt,

„beide in hohem Grade sittlich in ihrer Tendenz, in einzelnen Motiven jedoch so ohne allen Rückhalt natürlich und wahr, daß die Welt dergleichen unsittlich zu nennen pflegt, weshalb er sie denn auch geheim hielt und an eine öffentliche Mitteilung nicht dachte.“

(30) S. 744.
(31) Aufschlußreich ist die Reaktion von Christian Garve in einem Brief an Schiller vom 23. September 1797: „Man kann unmöglich die Unsittlichkeit, die in vielen Göthischen Epigrammen und in einer Menge seiner neuesten Gedichte herrscht, billigen; und man kann unmöglich die Theorie, welche aus Pricipien beweisen soll, daß grade die Dichter, welche zu Ihrer Partey gehören, ohne Tadel u. selbst mit Ehren wollüstig und unsittlich seyn können, u. dass nur diejenigen strafbar sind, welche sich ähnliche Freyheiten erlauben, u. mit Ihnen doch in Verhältnissen eines gewissen Widerspruchs stehen, oder ohne alle Verbindung mit Ihnen, keinen besonderen Anspruch an Ihre Schonung haben; – man kann, sage ich, diese Theorie nicht für Sie selbst für überzeugend halten.“ Zitiert nach Fambach: Schiller, S. 177.
(32) Johann Peter Eckermann: Gespräche mit Goethe. Artemis-Ausgabe Bd. 24, S. 89 f.

Es handelt sich hier, wie aus dem weiteren Kontext hervorgeht, um ein Gedicht in Stanzen und ein Gedicht in antikem Versmaß, und die Goethe-Philologie nimmt wohl mit Recht an, daß Eckermann hier ‚Das Tagebuch' und eine der unterdrückten ‚Römischen Elegien' zu Gesicht bekam. – Goethe bemerkt dazu:

„Könnten Geist und höhere Bildung ... ein Gemeingut werden, so hätte der Dichter ein gutes Spiel; er könnte immer durchaus wahr sein und brauchte sich nicht zu scheuen, das Beste zu sagen. So aber muß er sich immer in einem gewissen Niveau halten; er hat zu bedenken, daß seine Werke in die Hände einer gemischten Welt kommen, und er hat daher Ursache, sich in acht zu nehmen, daß er der Mehrzahl guter Menschen durch eine zu große Offenheit kein Ärgernis gebe."

Auch Goethe stellt sich hier also der Frage, inwieweit der Dichter gehalten sei, die Tabus der Gesellschaft seiner Zeit zu respektieren, beziehungsweise inwiefern es ihm gestattet sei, sich über dieselben hinwegzusetzen. Er plädiert hier, im Unterschied zu Schiller, für möglichste Schonung des heutzutage gerichtsüblichen sogenannten „sittlichen Durchschnittsempfindens". Ob er diese Empfehlung hier selbst freilich ernst genommen hat, ist angesichts seiner Publikumsverachtung, aus der er sein Leben lang keinen Hehl gemacht hat, füglich zu bezweifeln. Seine nachfolgenden Bemerkungen bekräftigen übrigens diesen Zweifel:

„Und dann ist die Zeit ein wunderlich Ding. Sie ist ein Tyrann, der seine Launen hat, und der zu dem, was einer sagt und tut, in jedem Jahrhundert ein ander Gesicht macht. Was den alten Griechen zu sagen erlaubt war, will uns zu sagen nicht mehr anstehen, und was Shakespeares kräftigen Mitmenschen durchaus anmutete, kann der Engländer von 1820 nicht mehr ertragen, so daß in der neuesten Zeit ein Family-Shakespeare ein gefühltes Bedürfnis wird."

Dies ist offensichtlich ein ironisches Dementi des oben so nachdrücklich bekundeten Respekts vor der „Mehrzahl guter Menschen".
Zur Frage der Schicklichkeit bei der Darstellung erotischer Szenen in der Dichtung weist Eckermann sodann auf die Bedeutung der Form hin. Das eine jener beiden Gedichte, das in antiker Form geschrieben sei, evoziere eben dadurch eine geradezu antike Rezeptionssituation: man glaube unwillkürlich, „in die Zeit griechischer Heroen zurückversetzt" zu sein, und das an sich widerwärtige Motiv verliere durch diese Darstellungsform all seine Anstößigkeit. Das andere Gedicht dagegen, das in der Manier Ariosts geschrieben sei, behandle „ein Abenteuer von heute in der Sprache von heute" und wirke durch diesen Mangel an historischer Distanz, dadurch, daß es so „ohne alle Umhüllung ganz in unsere Gegenwart hereintritt", höchst verwegen. Goethe gibt Eckermann diesbezüglich recht und fügt hinzu:

„Es liegen in den verschiedenen poetischen Formen geheimnisvolle große Wirkungen. Wenn man den Inhalt meiner Römischen Elegien in den Ton und die Versart von Byrons Don Juan übertragen wollte, so müßte sich das Gesagte ganz verrucht ausnehmen."

Byrons ‚Don Juan' ist in Stanzen geschrieben. In der Verspoetik um 1800 galt die Stanze als eine aus dem Geist der Moderne geborene Versart, als eine Sprachform der Subjektivität, während der Hexameter als Ausdruck eines objektiven Weltbezugs begriffen wurde. Zeugt der Hexameter durch die Gleichförmigkeit seines Maßes von einer Indifferenz gegenüber dem behandelten Gegenstande, so gibt sich in der Künstlichkeit der Stanzenform, im Raffinement der Reimverschlingungen, in der strophischen Pointierung, stets ein absichtsreich kalkulierender Verstand zu erkennen. Eine Darstellung des Erotischen in Stanzenform, so ließe sich diese Goethe-Stelle demnach interpretieren, wirkt zumal dann, wenn auch noch wie bei Byron die Ironie im Spiele ist, allemal als frivoles Arrangement. Die Distichenform hingegen ist für eine Darstellung der Differenz von Gesagtem und Gemeintem, für Zweideutigkeiten im doppelten Sinne des Wortes, durchaus ungeeignet. Goethe scheint hier darauf zu vertrauen, daß durch die Verwendung des antiken Versmaßes – gleichsam auf magische Weise – die antike Unbefangenheit gegenüber dem Bereich des Erotischen vermittelt wird. Er hat sich, wie wir eben gehört haben, gründlich getäuscht. Gegen die Vorstellung, den all seiner Kleider entledigten Herrn Geheimrath in bedenklichsten Umständen vor sich zu haben, war der Hexameter eben ein allzu harmloses Präservativ.

Rekapituliert man die in diesem Skandalfall vorgetragenen Argumente, die Argumente sowohl der Anklage als auch die der Verteidigung, so läßt sich folgendes Resümee ziehen: *Gemeinsam* ist beiden Parteien die grundsätzliche Anerkennung von Tabus; auch Goethe und Schiller plädieren ja nicht für eine totale Liquidation derselben; Tabudurchbrechungen sind für beide Parteien unmoralisch. *Einig* ist man sich allerdings auch darin, daß das normalerweise, das heißt: im alltäglichen Umgang Tabuierte unter bestimmten Bedingungen dennoch gesagt werden darf. *Kontrovers* bleibt aber die Frage, unter *welchen* Bedingungen diese Lizenz eingeräumt werden kann. Auf die Pointe gebracht ist diese Kontroverse wie folgt zu formulieren: Eine an der Literatur der Rokokozeit zur Toleranz gegenüber dem Schlüpfrigen erzogene Leserschaft reagiert gegenüber der klassizistischen Präsentation selbstbewußter Geschlechtlichkeit mit moralischer Indignation, die angegriffene Partei versucht ihre moralische Integrität zu behaupten, indem sie sich von jeder literarischen Devergondage absetzt und sich auf den in der Form sich manifestierenden Geist der Antike, auf die Wahrheit der Natur, auf die schöne Menschlichkeit beruft. Der – wie uns scheint – vorwiegend in der Differenz ästhetischer Konventionen begründete Konflikt wird von den Zeitgenossen demnach als moralischer Konflikt begriffen.

Insofern ist die Diskussion um Goethes ‚Römische Elegien' ein Modellfall für viele, für die meisten Diskussionen um literarische Tabudurchbrechungen auf geschlechtlichem Gebiet bis in die jüngste Vergangenheit. Eine Analyse der einschlägigen Gerichtsprozesse kann diese These bestätigen. Wenn nun in unserer Gegenwart der diesbezügliche Strafparagraph 184, der diese Tabus seit über hundert Jahren, wenn nicht material so doch formal schützte, im Rahmen der Strafrechtsreform offiziell zur Diskussion gestellt und wenn nicht ersatzlos gestrichen, so doch mit wesentlich anderer Zielrichtung umformuliert wurde – aus dem Unzuchtsparagraphen wurde ein Jugendschutzparagraph –, so bedeutet dies, daß Äußerungen, die Geschlechtliches betreffen, letzten Endes als Privatangelegenheiten betrachtet werden, über die zu streiten sich im Grunde nicht mehr lohnt. Selbst die als Kompromiß endlich zustande gekommene Neufassung dieses Paragraphen läßt noch deutlich genug die Einsicht des Gesetzgebers erkennen, daß die Behauptung verbindlicher Normen im Bereich des Geschlechtlichen obsolet geworden ist. Das moralische Problem – so wird man wohl diese Gesetzesnovellierung zu motivieren haben – ist zu einem Problem des Geschmacks geworden, und über den Geschmack läßt sich nicht rechten und also auch nicht richten. – Der Skandal um Goethes ‚Römische Elegien', bis dato von ungebrochener Aktualität – dieser Skandal wird demnächst antiquarisch werden.

Anregungen verdanke ich folgenden Studien:

L. L. Albertsen: Die Anerkennung des Sexuellen vor und bei Goethe – Was war an den Römischen Elegien so aufregend? In: Text und Kontext 9,2/1981.

O. Fambach: Goethe und seine Kritiker. Düsseldorf 1953.
Schiller und sein Kreis in der Kritik ihrer Zeit. Berlin 1957.

D. Jost: Deutsche Klassik: Goethes ‚Römische Elegien'. Einführung, Text, Kommentar. München, New York, London, Paris [2]1978.

G. Kaiser: Wandrer und Idylle: ein Zugang zur zyklischen Ordnung der ‚Römischen Elegien'. In: Archiv für das Studium der neueren Sprachen und Literaturen. 117 Jg./Bd. 202/1965, S. 1–27.

P. Kluckhohn: Die Auffassung der Liebe in der Literatur des 18. Jahrhunderts und in der deutschen Romantik. Halle [2]1931.

G. Luck: Goethes ‚Römische Elegien' und die augusteische Liebeselegie. In: arcadia. Zeitschrift für vergleichende Literaturwissenschaft Bd. 2/1967, S. 173–195.

W. Rehm: Erotica Romana. In: W. R.: Europäische Romdichtung. München [2]1960, S. 167–180.

H. Rüdiger: Goethes ‚Römische Elegien' und die antike Tradition. In: Goethe-Jahrbuch 95/1978, S. 174–198.

W. Wimmel: Rom in Goethes ‚Römischen Elegien' und im letzten Buch des Properz. In: Antike und Abendland. Beiträge zum Verständnis der Griechen und Römer. Bd. 7/1958, S. 121–138.

Professor Dr. Klaus Oettinger, Schottenstr. 20, 7750 Konstanz

Leo Kreutzer

Theater und Karriere

Klaus Manns ,Mephisto' im Lichte von Wilhelm Meisters ,Lehrjahren' am Theater

Klaus Manns ,Mephisto' verweist mit seinem Titel auf den ,Faust'. Aber nicht dieses Goethe-Werk, sondern ,Wilhelm Meisters Lehrjahre' vermögen ein Licht auf die Problematik des umstrittenen Exil-Romans zu werfen. Goethes Bildungsroman gibt, wenn auch nicht mit letzter Radikalität, eine Analyse institutioneller Bedingungen der Realisierung einer „theatralischen Sendung". An diesen Bedingungen aber schreibt Klaus Mann vorbei, indem er am Beispiel eines Theatermannes das Bündnis mit der Macht in einem psychologischen Roman gleichsam umstandslos als intellektuellen Hochverrat zu verstehen sucht.

Klaus Manns Exil-Roman ,Mephisto', der ,Roman einer Karriere', der in der Bundesrepublik trotz eines immer noch geltenden Verbots aus dem Jahre 1968 gegenwärtig eine bedenkenswerte Buch-Karriere macht, verweist mit Titel und Thema auf die Goethesche Dramenfigur. Fausts Gegenspieler ist die spektakulärste Bühnenrolle der Hauptfigur des Romans, des Schauspielers Hendrik Höfgen, der als Protégé einer Nazi-Größe zum Intendanten des Berliner Staatstheaters aufsteigt. Das besondere Gelingen aber seiner Interpretation des Mephistopheles wird aus seiner charakterlichen Affinität zum Bösen erklärt, und das ist in diesem Roman die Affinität zum Faschismus. Hendrik Höfgen erscheint als Inkarnation des, wie es im Roman heißt, „mephistophelisch gewordenen Kleinbürgers, der mit der blutigen Macht paktierte".

Der Versuch jedoch, die literarisch-politische Substanz des Romans nun im Lichte von Goethes Faust-Drama untersuchen zu wollen, bliebe unergiebig. Denn zu offenkundig ist, daß Klaus Mann, indem er mit der Kategorie des „Mephistophelischen" arbeitet, damit eher an ein alltagssprachliches Verständnis anknüpft als an Konstellationen von Goethes Hauptwerk.

Es ist also nicht eigentlich sein Titel, der dieses merkwürdige Stück Literatur des 20. Jahrhunderts mit Goethe verbindet. Aber es gibt eine solche Verbindung, in einer verdeckten und für das Verständnis des Romans höchst aufschlußreichen Weise. ,Mephisto' von Klaus Mann kann als Zurücknahme von ,Wilhelm Meisters Lehrjahre' gelesen werden, als Zurücknahme der ,Lehrjahre', insofern nämlich auch sie, wie die ,Theatralische Sendung', aufgehoben freilich in einem Bildungsroman, als *Theaterroman* gelesen werden können.

Ich will das hier zunächst mit ein paar Hinweisen belegen. Wilhelm Meister läßt sich einnehmen für die Idee eines deutschen Nationaltheaters, zu seiner Zeit ein literarisch wie politisch progressives Moment bürgerlich-aufklärerischer Theorie;

Hendrik Höfgen läßt sich einspannen für ein nationalsozialistisches Theater, krasse Pervertierung jener Theater-Utopie des 18. Jahrhunderts. Höfgen geht es nur um seine persönliche Karriere, dergleichen liegt Wilhelm ganz fern. Wilhelm reüssiert als Schauspieler und Regisseur mit dem Stück und der Rolle, die ihm als allererste Wahl für das Repertoire eines deutschen Nationaltheaters gelten, mit ‚Hamlet'; auch für Höfgen ist Hamlet, und nicht Mephisto, die Rolle, auf die sein künstlerischer Ehrgeiz vor allem sich richtet, aber trotz äußeren Erfolgs weiß er, daß er an dieser Rolle gescheitert ist. Hat Klaus Mann auf solche Parallelen hinweisen wollen, als er seinem Roman ein Motto aus den ‚Lehrjahren' voranstellte? Jarnos Reaktion nämlich auf Wilhelms Klage über das Theater, nach seinem Abschied von ihm: „Alle Fehler des Menschen verzeih' ich dem Schauspieler, keine Fehler des Schauspielers verzeih' ich dem Menschen."

Nun scheint mir aber auch in diesem Falle die Frage nach der Intention des Autors nicht entscheidend, nicht wichtig also, ob Klaus Mann sich der Parellelen zu den ‚Lehrjahren' beim Schreiben bewußt war, ob er seinen ‚Mephisto' *bewußt* als Zurücknahme früher bürgerlicher Theater-Utopie konzipiert hat, wie sie in Goethes Roman vermittelt ist. Wichtig scheint mir vielmehr, daß, über die äußerlichen Parallelen hinaus, die ‚Lehrjahre' ein Licht auf den Roman von Klaus Mann werfen. Ich meine sogar, daß das Problematische des Romans sich auf diese Weise enthüllt.

Hierzu muß ich zunächst etwas über die ‚Lehrjahre' als Theaterroman sagen. Wilhelm Meister, so können wir uns vorstellen, hat in seiner Jugendzeit, also wohl in den 70er Jahren des 18. Jahrhunderts, Schriften von Gottsched, Lessing, Herder, dem jungen Goethe angelesen, die er, früh schon theaterbesessen, in seiner kleinen Privatbibliothek gesammelt haben wird. Wir erfahren jedenfalls über ihn, er habe, völlig überzeugt von ihrer Notwendigkeit, viele theoretische Schriften angeschafft, aber „mit dem besten Willen in keine auch nur bis in die Hälfte sich hineinlesen können". Er ist halt kein philosophischer Kopf, zum Erfassen der groben Umrisse der zeitgenössischen Idee von einem deutschen Nationaltheater wird das jedoch gereicht haben. Als er nämlich am Ende seiner wechselvollen Wanderung durch die vielfältigen Erscheinungsformen der deutschen Theaterprovinz in Hamburg zur Truppe des Schauspieldirektors Serlo stößt und damit zum ersten Mal eine, mit Schiller zu sprechen, „gute stehende Schaubühne" kennenlernt, erkennt er sogleich die günstige organisatorische Voraussetzung, die ein solches Theater in einer großen Handelsstadt für die Realisierung eines Nationaltheaters bietet, denn das hatte er bei den Theoretikern gelesen und verstanden. So steigert Wilhelm seine Anstrengungen noch einmal, hier oder nirgends wird sich sein Theatertraum erfüllen. Dem Direktor Serlo liegt durchaus an einem künstlerisch hochstehenden Theater, aber mehr noch an einem, das sein Geld einspielt. Er läßt Wilhelm als Spielleiter gewähren, solange dieser neben künstlerischen auch ökonomische Erfolge vorweisen kann. Schließlich entscheidet er sich jedoch gegen Wilhelm und für ein entschlossen ökonomisches Konzept: Rationalisierungsmaßnahmen beim Schauspiel, die dadurch freigesetzten Mittel werden in Opern-Produktionen gesteckt, von denen er sich, offenbar zu recht, eine Steigerung der Besucherzahlen verspricht. Bevor Wilhelm, als für die Realisierung des neuen Konzepts hinderlich, aus dem Theater hinausintrigiert wird, verläßt er es gleichsam aus freien Stücken.

Denn Wilhelm soll ja nach dem Willen seines Autors aufs Ganze gesehen seine Theaterleidenschaft als einen „Irrtum“ hinter sich lassen, um eine neue Bildungsstufe zu erklimmen, den Eintritt in die exklusive Turmgesellschaft. So wird der Bruch mit dem Theater überspielt, das Leben und die Bildung gehen weiter, das ist eine der vielen Treulosigkeiten, von denen der Roman ungerührt erzählt. Wilhelms Scheitern am Theater wird ziemlich vertuscht: Er landet so gut wie unverletzt auf der längst ihm bereiteten höheren Bildungsstufe, die seinen Sturz, denn um nichts anderes handelt es sich im Grunde, wie ein dickes Gummikissen auffängt und verschluckt.

Nicht radikal zu Ende geführt wird in Goethes Roman damit die fulminante Analyse der Theaterverhältnisse. Nicht bis zum bitteren Ende wird deutlich: Wer sich am Theater halten will, muß sich dort *durchsetzen, sich* und nicht nur eine Idee, er muß, sei es auch um einer Idee willen, *persönlich* Erfolg haben. Mit anderen Worten: Er *muß* sich auf etwas einlassen, was als „Karriere“ wahrgenommen wird.

Wilhelm macht keine Theaterkarriere, und so wie der Roman, insgesamt, konzipiert ist, kann es so aussehen, als liege das an der Bildungsidee, die sich in seiner Entwicklung realisiert, sie ist die Rutschbahn, die ihn rechtzeitig aus seinen Schwierigkeiten am Theater hinausbefördert. Die Schwierigkeiten aber macht das Theater, Wilhelm müßte sich, wollte er bleiben und weiterhin das eine oder andere für die Durchsetzung seines Theaterkonzepts tun, eben doch für eine Karriere entscheiden.

Damit enthält, unentfaltet, Goethes Roman einen Befund über Theaterarbeit, jedenfalls über die Arbeit am Theater als bürgerlicher Institution, der bis heute seine Gültigkeit nicht verloren hat, den Befund: Das Medium der Realisierung einer „theatralischen Sendung“ ist der persönliche Erfolg, ist die Karriere.

Ich bin beim ‚Mephisto‘. Klaus Mann hat mit ihm den Roman einer exemplarischen Theaterkarriere schreiben wollen, einer Karriere, die schließlich auch den „Pakt mit dem Teufel“ nicht scheut, die Zusammenarbeit mit den Nazis. An dieser Theaterkarriere hat er aber nun vor allem exemplarisch den *Verrat des Intellektuellen* demonstrieren wollen, sein Bündnis mit der Macht als intellektueller Hochverrat.

Theaterarbeit aber, die Arbeit des Schauspielers zumal, ist, und darin scheint mir das eigentlich Problematische dieses Romans zu liegen, zu einer solchen Demonstration denkbar wenig geeignet. Indem Klaus Mann mit seiner Hauptfigur Hendrik Höfgen zum Prototyp des verräterischen Intellektuellen einen *Schauspieler* stilisiert, schreibt er an dessen besonderen Produktionsbedingungen vorbei.

Für Bertolt Brecht ist 1930 die Erfahrung der Verfilmung seiner ‚Dreigroschenoper‘ und eines Prozesses, den er gegen diese Verfilmung anzustrengen genötigt war, zum Anlaß geworden, von einer „Proletarisierung“ des Künstlers zu sprechen, womit er die „Abwanderung der Produktionsmittel vom Produzierenden“ meinte, dessen mit der Technisierung der Künste zunehmende Abhängigkeit von Apparaten, über die er nicht selbst verfügt. Diese Abhängigkeit aber ist für den Schauspieler seit jeher und in besonderem Maße gegeben: als Abhängigkeit seiner Arbeit von den jeweiligen Theaterträgern.

Eine derartige Einsicht hat Klaus Mann offenbar nicht zur Verfügung gestanden, sie zu vermitteln war die etwas beiläufige Art und Weise, wie er und seine Schwester Erika in den 20er Jahren Theaterarbeit gemacht hatten, nicht geeignet gewesen. Das

besondere Produktionsverhältnis am Theater verkennend, hat Klaus Mann es für möglich gehalten, den Status des Schauspielers umstandslos mit dem des Intellektuellen in eins zu setzen. Wobei diese Fehleinschätzung noch verstärkt wurde durch sein emphatisches Verständnis vom Status und der Funktion des Intellektuellen. 1949, kurz vor seinem Freitod, hat er in seinem berühmten Essay ‚Die Heimsuchung des europäischen Geistes' sein Verständnis vom Intellektuellen noch einmal in die Diskussion zu bringen versucht. „Der Intellektuelle", so heißt es dort, „ist der Nachfolger und das säkulare Gegenstück des Priesters insofern, als auch sein Interesse vor allem geistigen Werten gilt und nicht materiellem Erfolg." Die Intellektuellen haben mithin eine Art priesterlicher Internationale des Geistes zu bilden, deren Mitglieder sich jeglicher Dienstbarkeit gegenüber „weltlichen" Mächten entziehen. Und in diesem Essay hat Klaus Mann sich auch noch einmal auf die Quelle seines Verständnisses vom Intellektuellen berufen, auf Julien Bendas Buch ‚La trahison des clercs', in dem der französische Schriftsteller bereits 1927 „seine eigene Berufsklasse des Hochverrats beschuldigt" habe.
Bereits 1927. Und bereits damals hatte Klaus Mann sich diese Vorstellung zu eigen gemacht. In ihr haben wir ein Ferment seines ‚Mephisto'-Romans zu sehen. Dieser hat einen Vorläufer im Werk Klaus Manns, seinen Roman ‚Treffpunkt im Unendlichen' von 1932, in dem wichtige Konstellationen und Befunde des ‚Mephisto' bereits exponiert sind. Dem Schauspieler Hendrik Höfgen entspricht dort der Tänzer Gregor Gregori. Und wie Hendrik Höfgen bereits vor der „Machtergreifung" der Nazis sich von seinen einstigen Gefährten entfernt, so auch Gregor Gregori. Die Entfremdung zwischen ihm und dem Schriftsteller Sebastian setzt ein, als der Tänzer „ein enormes, ja einzigartig großes Angebot" eines Berliner Opernhauses annimmt. Darüber heißt es in ‚Treffpunkt im Unendlichen': „Damit begann auch die Abkühlung zwischen ihm und Sebastian, der es als eine Art Untreue an der gemeinsamen Arbeit empfand, daß Gregori 'städtischer Angestellter' und 'Berliner Prominenter' wurde. 'Du hättest beim Wanderzirkus bleiben sollen', sagte Sebastian ihm."
Wenn man nun, und dies gewiß zu recht, den ‚Mephisto' als eine Art Fortschreibung des Romans von 1932 über die „Machtergreifung" hinaus versteht, so wird deutlich, daß als eigentlicher „Verrat" des Schauspielers qua Intellektueller eben nicht erst sein Bündnis mit den Nazis erscheint, vielmehr längst zuvor seine Bereitschaft, eine zudem lukrative Bindung an eine „stehende Bühne" einzugehen. So ist der ‚Mephisto' in der Tat der „Roman einer Karriere", nicht eigentlich der einer Karriere „im Dritten Reich". Daß Hendrik Höfgen den Höhepunkt seiner Karriere unter den Nazis und durch sie erreicht, kommt, im Lichte des Romans von 1932 gesehen, gleichsam erschwerend hinzu. Oder anders gesagt: Der Roman suggeriert, daß der Schauspieler, erstrebt er die „Anstellung" und damit die Möglichkeit der „Karriere", wenn es denn sein muß, auch den „Pakt mit dem Teufel" einzugehen bereit ist.
Hendrik Höfgen, wie nur allzu bekannt, ist Gustaf Gründgens, Schauspieler, Regisseur und Intendant mit Karriere-Höhepunkt im Dritten Reich, mit dem zusammen Klaus Mann in den 20er Jahren Theater gemacht hatte und der damals mit seiner Schwester Erika verheiratet gewesen war.
Gegen den in der Tat unhaltbaren Vorwurf, mit dem ‚Mephisto' also nur einen

Schlüsselroman über Gründgens geschrieben zu haben, um womöglich Rache an dem einstigen Gefährten und Schwager zu nehmen, hat Klaus Mann sich in seiner Autobiographie ‚Der Wendepunkt' zur Wehr gesetzt. „Als Exempel hätte mir genauso gut ein anderer dienen können. Meine Wahl fiel auf Gründgens - nicht, weil ich ihn für besonders schlimm gehalten hätte (er war vielleicht sogar eher besser als manch anderer Würdenträger des Dritten Reiches), sondern einfach, weil ich ihn zufällig besonders genau kannte."

Die genaue, ja intime Kenntnis des Theatermannes Gustaf Gründgens mag dem Schriftsteller Klaus Mann mithin als besonders glückliche Voraussetzung, als besondere persönliche Befähigung erschienen sein, mit seinem Roman den Prototyp des intellektuellen Hochverräters darstellen zu können. In dieser Einschätzung hat ihn vermutlich bestärkt, daß Gründgens ihm in den Jahren ihres vertrauten Umgangs als ein ihm nah verwandter „Priester" seiner Kunst erschienen war. In ‚Treffpunkt im Unendlichen' heißt es von der Zeit der Freundschaft zwischen dem Tänzer Gregor Gregori und dem Schriftsteller Sebastian: „Er und Gregori schienen unzertrennlich. Gregor war um diese Zeit von einem Elan, einem Enthusiasmus und einer kindlich idealistischen Begeisterung für seine Kunst, die Sebastian hinrissen."

Die Wahl des „Exempels" Gründgens hat Klaus Mann ermöglicht, sie hat ihn dazu verleitet, seinen „Roman einer Karriere" als *psychologischen* Roman zu schreiben. Nicht die bis zum Überdruß verhandelte Frage, ob und wieweit Hendrik Höfgen mit Gustaf Gründgens identisch sei und habe sein dürfen, entscheidet über die analytische Substanz des Romans und damit auch über seine ästhetisch-politische Qualität. Entscheidend ist vielmehr, daß Klaus Mann, indem er beim Schreiben des Romans auf seine „frühere Vertrautheit" mit dem gewählten „Exempel" zurückgriff, ins falsche Medium geriet. Denn die Analyse einer Theaterkarriere ist, wie schon Goethes Theaterroman lehren kann, mit den Mitteln des psychologischen Romans nicht zu bestreiten. Indem Klaus Mann den Weg, den Hendrik Höfgen nimmt, allein aus dessen psychischer Konstitution zu erklären sucht, läßt er spezifische institutionelle Bedingungen der Realisierung einer „theatralischen Sendung" außer acht. *Damit ist selbstverständlich nicht gesagt, daß diese Bedingungen eine Theaterkarriere der moralisch-politischen Wertung entziehen.* Aber sie bleiben bei einer solchen Wertung nicht ungestraft außer Betracht, indem sie mit den Bedingungen gesellschaftlich anders konstituierter geistiger und künstlerischer Arbeit kurzerhand auf einen gemeinsamen Nenner gebracht werden.

Im ‚Mephisto' ist dieser Nenner Klaus Manns Verständnis vom Intellektuellen. Auf diese Weise aber hat aus dem Roman gar nicht der einer *Theater*-Karriere werden können. Also auch kein Roman über Gustaf Gründgens, weil er, trotz authentischer Milieu-Schilderung, kein Roman über Theater ist.

Prof. Dr. Leo Kreutzer, Heumarkt 60, 5000 Köln 1

Bernd Mahl

‚Faust'-Experimente

Zur Bühnengeschichte von Goethes Drama seit den 50er Jahren

An gediegen-unauffälligen und bildungsbürgerlich-konsumgerechten Aufführungen von Goethes ‚Faust' fehlte es im geteilten Nachkriegsdeutschland keineswegs. Sehr früh wurden auch die west-östlichen Trennungslinien gezogen: zunächst bewußt demonstrierter Antifaschismus in der SBZ bzw. späteren DDR, wobei die nachfolgenden Inszenierungen zunehmend von der Ideologie einer Hinwendung zum kulturellen Erbe geprägt wurden. In der Bundesrepublik dominierte anfänglich eine Art völkerübergreifender Humanismus, der mit der Idealisierung der Figur Fausts einhergeht – noch bei Gründgens 1958. Danach setzte mit der ‚Faust II'-Inszenierung Ernst Schröders in West-Berlin eine Phase interessanter Experimente ein, die ihren Höhepunkt in Claus Peymanns ‚Stuttgarter Faust 1977' findet: Diese Inszenierung prägt noch wesentlich die Weimarer Gesamtinszenierung vom Goethe-Jahr 1982.
Der vorliegende Beitrag beschränkt sich darauf, darzustellen, welche außergewöhnlichen, meist normabweichenden Deutungen Goethes ‚Faust' auf den Bühnen der Nachkriegszeit widerfahren ist. Diese 'Experimente' mit dem Text fordern zur Diskussion über die Möglichkeiten des ‚Faust' auf dem Theater heraus: Bereits 1902 meinte Georg Witkowski, ‚Faust' auf der Bühne und ‚Faust' als Lesedrama (als Schulstoff) seien völlig verschiedene Dinge, denn das Theater müsse uns in lebendiger Spielweise vergessen machen, daß wir Goethes Drama gegenübersäßen.

1. Keine „Einschüchterung durch die Klassizität": Brechts ‚Urfaust'-Inszenierung mit dem Berliner Ensemble (1952/53)*

Beurteilte Brecht die Werke der Klassiker noch in den 20er Jahren abschätzig nach deren „Materialwert", so wandte er sich nach 1945 wieder diesen Texten zu, und zwar auf der Basis der Aneignung des klassisch-humanistischen Erbes in der „Lite-

* Anmerkungen zur Zitierweise: Diese Schrift enthält ein durchnumeriertes Literaturverzeichnis. Auf die darin aufgeführten Publikationen wird im Text durch in Klammern gesetzte arabische Ziffern verwiesen, welche die entsprechende Nummer des Literaturverzeichnisses angeben, unter der der jeweilige Titel verzeichnet ist. Hat eine Publikation mehrere Bände, so bezeichnet die zweite, römische Ziffer in der Klammer die Nummer des Bandes, aus dem zitiert wird. Bei größeren Publikationen, die, wie die Weimarer Ausgabe der Werke Goethes, auch in Abteilungen untergliedert sind, bezeichnet die erste arabische Ziffer die Nummer des Literaturverzeichnisses, die zweite, römische die Abteilung, die dritte, römische die entsprechende Bandnummer. Die letzte Ziffer jeder Klammer, stets durch ein Komma vom Vorhergehenden getrennt, gibt die Seitenzahl der betreffenden Veröffentlichung an.
(4/III/IX, 36) bedeutet also: Publikation Nr. 4, III. Abteilung, Band Nr. IX, Seite 36; (5, 9) bedeutet: Publikation Nr. 5, Seite 9.

raturgesellschaft“ DDR. Zusammen mit Egon Monk, der offiziell als Regisseur fungierte, und etlichen Schülern des Berliner Ensemble studierte er 1952/53 den ‚Urfaust‘ ein. Wenngleich die Regiearbeit anderen übertragen war, so zeichnete Brecht für die konzeptionellen Überlegungen allein verantwortlich: sollte doch seine Auseinandersetzung mit diesem Goetheschen Drama den Beginn für eine tiefergreifende und weiterreichende Beschäftigung mit dem gesamten ‚Faust‘ markieren. „Brechts Beschäftigung mit Goethe hatte diesmal einen völlig neuen Ausgangspunkt. Das Stück wurde für ein sozialistisches Theater mit einem völlig neuen Publikum eingerichtet. Auch die Kritik, mit der er sich auseinanderzusetzen hatte, ging von den Bedürfnissen der sozialistischen Gesellschaft aus.“ (20, 178)

Brechts materialistisch-dialektische ‚Urfaust‘-Deutung bestand im wesentlichen aus sechs konzeptionellen Maximen:

1. Die Inszenierung soll ein Gegengewicht zu den gewohnheitsmäßigen Wirkungen bürgerlicher Aufführungspraxis bilden.
2. Die naive ‚Urfaust‘-Fabel darf nicht zum Spielen von Philosophie mißbraucht werden, sondern ist von einem materialistisch-dialektischen Gesichtspunkt zu betrachten.
3. Die Inszenierung ist nah, aber nicht zu nah, an das Puppenspiel zu rücken.
4. Sprache, Gestik und Bild sind an einen naiven Volkston zu binden: Derbe Späße sind mit hohem Weltanschauungsgespräch zu vermischen.
5. Die Regie hat darauf zu achten, daß einfach und real gespielt wird.
6. Da der Pakt Mephisto/Faust im ‚Urfaust‘ fehlt, ist er in epischer Weise einzuflechten.

Die von P. A. Krumm gespielte Titelfigur wurde von einem souveränen Mann der Wissenschaften verkörpert, der seine humanistischen Ideale gleich einem Scharlatan verrät, indem er sich bedenkenlos der Magie Mephistos bedient. Gerd Schäfer mußte einen berechnenden, hofierenden, aber dennoch dummen Teufel spielen, und Käthe Reichel stellte ein Gretchen vor, das als typische Kleinbürgertochter sowohl nach dem „Golde“ strebte als auch in bigotter, aufdringlicher Weise den Hochschulprofessor Faust zu bekehren suchte.

Die Zuschauer erlebten die Studenten in „Auerbachs Keller“ zu den allerderbsten Späßen aufgelegt. In der Nacht zum 1. Mai, dem Tag der Arbeit, grölten sie lauthals „Der Mai ist gekommen ...“ Brecht verteidigte seine Konzeption gegen alle Angriffe eben mit dem Hinweis, daß er ja das Sturm-und-Drang-Stück ‚Urfaust‘ inszeniere:

„Mißleitet von einer Regieanweisung ‘Zeche lustiger Gesellen’, vertuschen die Theater für gewöhnlich all die Rohheit, den Stumpfsinn und die Verkommenheit der Kumpane. Es ist die niedrigste Form der Kurzweil, die Faust angeboten wird, die billigste ‘Sozietät’. Jede Beschönigung und Verniedlichung hier tut der Größe dieses Werks Abbruch. Das Theater darf das Häßliche im Leben, das es nicht verbergen darf, nicht in häßlicher Weise darstellen; es darf bei der Darstellung des Gemeinen nicht selbst gemein werden. So hat es viele Kunstmittel entwickelt, das Böse und Niedrige so darzustellen, daß das gute und hohe Ziel immer im Auge des Zuschauers bleibt, nämlich: durch die Aufdeckung des gesellschaftlich Minderwertigen und Schädlichen in der Gesellschaft, vertreten durch die Zuschauer, die Kräfte der Abwehr zu stärken. Im vorliegenden Fall, bei der Darstellung der schlechten Vergnügungen, der geistlosen und verrohenden Kurzweil, kann das Theater, damit es selbst geistvoll und kurzweilig bleibe, seine Kritik an dem gesellschaftlichen Zustand spaßhaft und gutgelaunt vorbringen – alle seine Scherze sind so lange erlaubt, als sie die Kritik enthalten.“ (6, 1278–1279)

Nach einer gezielten Polemik im ‚Neuen Deutschland‘ wurde dieser ‚Urfaust‘ wenige Tage nach der Premiere vom Spielplan gestrichen. Brecht schien die Schwierigkeiten vorausgeahnt zu haben, denn in seinem ‚Arbeitsjournal‘ lesen wir unter dem 15. 2. 1953: „der URFAUST läßt sich lustig an mit den jungen leuten. ein schön realistisches gedicht! freilich, so naiv gemacht, mag es ärger verursachen. unsere publikumsschulmeister fühlen sich unterschätzt, wenn man ihnen erlaubt, sich zu amüsieren.“ (5, 974)
Dennoch sollte Brechts Arbeit späte Früchte tragen: die ‚Faust I‘ -Inszenierung vom Jahre 1968 in Ost-Berlin durch Wolfgang Heinz und Adolf Dresen orientierte sich an manchen Vorschlägen des Dichters. Sie wurde als „lustigster Faust, den es je gab“ (22, 23), aber ebenso empfindlich von der Kritik getroffen.[1]

2. Ostern 1957: Gustaf Gründgens setzt lähmende Maßstäbe – Die Hamburger Inszenierung

Gründgens’ epochemachender ‚Faust‘ (Ostern 1957 erster Teil, Mai 1958 zweiter Teil am Deutschen Schauspielhaus Hamburg) geht auf seine Überlegungen zu dessen Aufführung 1932/33, 1941/42 und 1949 zurück. Schritt für Schritt ersetzt er die komplizierteste Regie durch die einfachste, von Mal zu Mal wurde die Bühne leerer – sozusagen entrümpelt. Gründgens und der Bühnenbildner Teo Otto verwarfen nämlich den Gedanken, Szene für Szene den staunenden Zuschauern einen neuen dekorativen Einfall zu bieten. Ja, beide bekannten sich zu dieser „Einfallslosigkeit“ (9, 122) und zeigten die Bühne als nacktes Gerippe: Szenische Umbauten und Wandlungen im Inneren der Figuren sollten so dem Publikum, das ja einem Spiel beiwohnt, offen gezeigt, bzw. plausibel und glaubhaft gemacht werden.
Gründgens bedachte die Problematik seiner bisherigen theatralischen ‚Faust‘-Deutungen und entwickelte die neue Konzeption anhand des „Vorspiels auf dem Theater“, das er noch 1949 in Düsseldorf (dort wurde nur ‚Faust I‘ auf die Bretter gebracht) kategorisch gestrichen hatte:

„Nichts konnte mir ferner liegen als eine nochmalige Wiederholung einer einmal erarbeiteten Inszenierung. Ich sah mir Fotografien der vergangenen Aufführungen an, die samt und sonders große Erfolge gewesen waren, und stieß mich an dieser Fülle von Pappe, Sperrholz, Podesten und Prospekten. Und dann kam mir beim Durchlesen des Vorspiels auf dem Theater – das ich bis dahin nie gespielt hatte – der Gedanke, von dort aus das Stück zu inszenieren.
Ich setzte mich mit Teo Otto zusammen, und indem wir unseren Dichter von Zeile zu Zeile wie Schuljungen wörtlich nahmen, kamen wir zu unserer Lösung, die mir heute so selbstverständlich erscheint, daß es mir als ei-

(1) Hans Jürgen Syberberg hat als Schüler Ausschnitte aus Brechts Proben gefilmt. Der Film ist zu erhalten bei: Deutsche Kinemathek. Welserstraße 25, 1000 Berlin 30. Preis: DM 150,–.

ne Fälschung vorkommen will, wenn man den ‚Faust' ohne das Vorspiel auf dem Theater spielt. Denn in diesem Vorspiel und mit diesem Vorspiel enthebt uns Goethe ein für allemal der Verpflichtung, den Zuschauer glauben zu machen, sein Himmel sei *der* Himmel – seine Kaiserpfalz sei *die* Kaiserpfalz – sein Griechenland sei *das* Griechenland. Nein, es ist alles, der Himmel, die Hölle, die kleine, die große Welt: die Welt des Theaters.
Und nun mußte man nicht einmal von der ausdrücklich gegebenen Erlaubnis des Dichters, alle technischen Möglichkeiten weidlich auszunutzen, Gebrauch machen. Nun konnte man wirklich im *engen Bretterhaus* den ganzen Kreis der Schöpfung ausschreiten und sich auf die Möglichkeiten, die diese Bretter gaben, konzentrieren; und es war sehr interessant, nachdem wir geglaubt haben, wunders wie spartanisch wir in unseren Entwürfen gewesen seien, festzustellen, daß wir nach der ersten Dekorationsprobe noch fast die Hälfte unseres geplanten Dekors wegwerfen konnten (und als einige Monate später Caspar Neher diese Aufführung sah, sind nochmal ein paar Teile verschwunden). Dabei lag der Gedanke, die Faustsche Studierstube und vor allem Wagners Laboratorium unseren heutigen Vorstellungen von dem Arbeitsraum eines Wissenschaftlers anzugleichen, zu nahe, als daß der Einfall verbucht werden müßte [...]
Nachdem ich schon in meiner Berliner Inszenierung alle Szenen, die allein zwischen Faust und Mephisto spielen, in einem unrealen Raum ansiedelte, weil ich nicht einsehen konnte, daß Männer, die nur den Mantel auszubreiten brauchen, der sie durch die Lüfte trägt, sich an einer gotisch bemühten Straßenecke treffen müssen, ging ich in meiner Hamburger Inszenierung – unterstützt durch das Bühnenpodest – einen entscheidenden Schritt weiter."[2] (9, 123–125)

Gründgens und Otto entwickelten das Riesenwerk „nach beiden Richtungen [...] nach der vertikalen und horizontalen. Für die wirkliche und die überwirkliche Welt gab es kein Interpretationsproblem mehr, sobald beide nur 'gespielt' erscheinen: 'gespielt' konnten sie auf einer Ebene ineinander übergehen, auf der eben dieses Ineinander-Übergehen die Fiktion der Realität bedeutete" (12, 189). Die Kritik frohlockte: „Jetzt erst ist das größte Drama der Deutschen für die Bühne gewonnen worden!" (18, 214)
Jedoch hatte diese Inszenierung lähmende Auswirkungen für die deutschen Bühnen: Kaum einer der Regisseure wagte für ein Jahrzehnt eine weitere Inszenierung beider Teile, ja, auch nur von ‚Faust I'. Erst 1966 gingen Ernst Schröder und Hans Mayer durch eine Inszenierung des zweiten Teils gegen den Gründgensschen Mythos vor. Da den hohen Rang von Gründgens' und Ottos Inszenierung Ton, Bild, Film und Theaterkritik dokumentarisch festgehalten haben, sollten diese Bemerkungen genügen.

3. ‚Faust II' ohne ‚Faust I': Ernst Schröder und Hans Mayer arbeiten gegen den Gründgens-Mythos (West-Berlin, 1966)

Mitte der 60er Jahre änderte sich in der Bundesrepublik das Goethe-Bild, und zwar vom falschen Pathos zu einer realistischeren Schau: Richard Friedenthals Biographie ‚Goethe. Sein Leben und seine Zeit' (1963) sei als ein Indiz hier angeführt. Das

(2) Siehe Abb. 7, Seite 174, im Band ‚Faust I' der Reihe ‚Editionen', Ernst Klett Verlag, Klettbuch 35123.

Jahr 1966 bringt dann auch neues Leben in die offenbar von Gründgens' Taten gelähmte ‚Faust'-Inszenierungsgeschichte. (Heinrich Kochs Frankfurter Gesamtinszenierung von 1963/64 machte keineswegs Theatergeschichte.) Als nämlich Ernst Schröder 1966 im Berliner Schillertheater den zweiten Teil vollkommen losgelöst vom ersten Teil aufführen läßt, muß sich Hans Mayer, der dramaturgische Berater, erklärend im Programmheft und rückblickend im Jahresheft ‚Theater heute' dazu äußern. Unverblümt stellt Mayer fest, ‚Faust II' sei im wesentlichen ein vom ersten Teil losgelöstes Drama:

„Daß es mit dem Faust II als einer unmittelbar dramatischen Fortsetzung des ersten Teiles der Tragödie nicht so recht stimme, war schon denjenigen aufgefallen, die sich noch zur Goethezeit rechnen konnten. Bekanntlich hatte der alte Ironiker vom Frauenplan zu Weimar, der seine Mitwelt kannte und ahnen mochte, wie es mit der ersten Nachwelt aussehen werde, das Manuskript dieses zweiten Faust sorgfältig versiegelt und Anweisung gegeben, es erst post mortem seinen 'lieben Deutschen' zu präsentieren. Goethe wußte – und sein kurz vor dem Tode geschriebener Brief an Wilhelm von Humboldt erläutert es auch –, daß dieser zweite Faust bei der damals herrschenden Zeitstimmung unfehlbar verkannt, wenn nicht gar verlacht werden müsse. Diesen Ärger aber gedachte Goethe sich nach soviel literarischen Enttäuschungen doch zu versagen.
In der Tat, als der zweite Faust im ersten Ergänzungsband zur Ausgabe letzter Hand gedruckt wird, erregt er zwar die entzückte Bewunderung einiger Philologen und spekulativen Philosophen aus Hegels Schule, allein der allgemeine Eindruck bei den Lesern ist Befremden und Langeweile. Man fühlt sich um die 'Fortsetzung' des ersten Teils geprellt. Einige kluge Kritiker regten schon damals an, man möge diesen zweiten Faust als eigenständiges Werk betrachten und nicht immer die Verbindung zur ersten Studierstube und zur Gretchentragödie herstellen wollen.
Friedrich Theodor Vischer aus Württemberg, in seiner Art ein bedeutender Denker und Literaturkenner, glaubte den Fall eindeutig diagnostizieren zu können. Der erste Teil sei ein Meisterwerk, der zweite dichterisch durchaus mißlungen." (16, 2)

Schröder und Mayer kam es bei ihrer gemeinsamen Arbeit nicht auf eine mögliche spekulativ-tiefsinnige Deutung an, sondern „auf den Versuch einer möglichst genauen szenischen Realisierung dessen, was Goethe ganz unbestreitbar geschrieben hatte" (17, 44). Weder sollte Goethe als Kronzeuge Steiners mißbraucht werden, noch wollte man „besonnten Erinnerungen an Gründgens" (17, 44) bei Zuschauern und Kritikern Rechnung tragen. In der Tat hielten sich Mayer und Schröder, ausgenommen die Szene „Bergschluchten", eng an die Vorlage: „Zweierlei war ... zu vermeiden: den Weg Fausts durch die große Welt als schrittweise Läuterung hin zur Erlösbarkeit darzustellen, denn einer solchen Anlage widerspricht Goethes Text von Grund auf. Oder aber ... ein ziemlich wirres, dem Zuschauer im Grunde unverständliches Geschehen so zu arrangieren, daß alles am Schluß auf die berühmten, im Schulunterricht ... durchgepaukten Verse vom freien Volk und freien Grund hinzustreben schien. Auch dem widerspricht Goethes Text in jeder Zeile" (17, 44). Die Faustfigur des ersten Teils grenzt Mayer scharf gegen die des zweiten Teils ab: Ist Faust im ersten Teil fast immer Gegenspieler Mephistos, so gelte dies für den zweiten Teil kaum mehr, denn dort seien sie Kumpane, die die Welt durchstreifen, und „auf große Strecken hin Komplizen, die sich in die Zauberarbeit teilen. Das hat manche Zuschauer enttäuscht, vor allem beim Anblick des Fausttreibens. Er wird

sich aber an Goethe halten müssen" (17, 44). Unter solchen Vorzeichen mußte Goethe zwangsläufig als einer entlarvt werden, der – warum auch immer – am Schluß des zweiten Teils zum himmelsvisionären „Gaukler" wird; hätte Mayer den Schluß jedoch gestrichen, wäre die Spielvorlage verfälscht worden, und die gefundene Lösung, die in Peymanns Regiearbeit 1977 Früchte tragen wird, begründet er so: „Der dramaturgische Vorschlag ging ... dahin, diesen Schluß, freilich mit starken Streichungen, zu sagen, aber nicht zu 'spielen'. Eine leere Bühne mit Arbeitslicht und dem Auftritt aller Mitwirkenden sollte dem Zuschauer bedeuten: So hat Goethe den Faust zu Ende gedichtet, wir aber wollen euch keine Himmelsvision vorgaukeln, die doch stets mißlingen muß, bieten also, der dialektischen Anlage von Werk und Inszenierung gemäß, am Schlusse diese Form der Verfremdung: ein inszeniertes Aufhören der Inszenierung" (17, 45). Noch als Peymann und seine Mitarbeiter zu einer vergleichbar schlichten und ehrlichen Lösung in Stuttgart greifen, hagelt es üble Beschimpfungen von gewisser Seite der zahlreich erschienenen Kritiker.
Schröder hat mit seiner glanzvollen Inszenierung „die offensichtliche Verkrampfung gelöst" (22, 29), die seit Gründgens auf dem deutschen Theater lastete. Dies ist sein großes Verdienst – bei allen Einwänden, die gegen diese isolierte Faust II-Darstellung vorgebracht werden könnten.
Der Theaterwissenschaftler Zezschwitz betont, daß diese Inszenierung auch in einem weit größeren Zusammenhang gesehen werden müsse. Sie fällt „genau in die Zeit, in der sich langsam eine Auflockerung des geistigen Immobilismus abzeichnet, der als ein von aller Geschichtlichkeit sich ängstlich zurückziehendes Denken die prägende Ideologie der Nachkriegsrestauration gewesen ist" (22, 20). Dem Aspekt eines neuen, geschichtsbewußten Reflexionsniveaus und der Ausbreitung der internationalen Popkultur werden nachfolgende Faust-Inszenierungen sich nicht entziehen können.[3]

4. ‚Faust' als Musical: Wolfgang Ambros und Josef Prokopetz texten, komponieren und singen ‚Fäustling. Ein Spiel in G' (1973)

„G" steht für Goethe und „Fäustling" für einen verkleinerten Faust, der Wiener Dialekt spricht: Zu den Wiener Festwochen 1973 schufen Josef Prokopetz und der Liedermacher Wolfgang Ambros eine Popversion und -variation, die auf der Fabel von ‚Faust I' basiert, d. h., diese moderne Fassung enthält in veränderter Form die Gelehrtentragödie, Auerbachs Keller und Hexenküche, sowie die Gretchentragödie, einschließlich einer Blocksberg-Sexorgie.
Das ganze Unterfangen wurde in einer Schallplatteneinspielung konserviert; auf der Plattenhülle ist zur Handlung zu lesen:

„Das Stück spielt im Wien des Jahres 1973: Heinrich Fäustling, ein gutbürgerlicher, etablierter Beamter mit 'Obendmatura' und 'a poa Kurse' hat die Eintönigkeit seines genau vorgezeichneten und sicheren Lebens satt – die Sinnlosigkeit und Leere seines Lebens

(3) Eine ausführliche Bilderfolge ist im Jahresheft 1966 der Zeitschrift ‚Theater heute' wiedergegeben.

wird ihm bewußt. 'Der Teufel', eine zwielichtige Person außerhalb des Establishments, zeigt dem Beamten Fäustling, wenn auch letzten Endes nur um sich als 'Verführer' selbst zu bestätigen, eine andere Lebensauffassung der Freiheit und des Genusses. Dieser anderen 'bösen' Welt gibt der 'neue Fäustling' auch nach Selbstbesinnung den Vorzug.
Die durch den Teufel in Erfüllung gegangenen Wünsche des Fäustlings 'amal die Nachbarn untern Tisch saufn', 'vajüngt' zu werden und 'de und ka andre Frau' zu haben, sowie schließlich das Erlebnis einer freizügigen 'Walpurgis-Party' lassen Fäustling gerne sein altes Leben und sogar seine Zuneigung zu der typischen 'braven Sekretärin Grete' vergessen. Auch wenn er sich am Ende nicht sicher ist, ob sein neuer Weg der richtige ist, so fühlt er sich doch das erste Mal – als Mensch. [. . .] Josef Prokopetz als Textautor und Wolfgang Ambros als Komponist versuchen in diesem Singspiel das 'Faust-Thema' in das Wien der Gegenwart zu transferieren. Ohne Anspruch auf intellektuelle oder dramatische Perfektion vermitteln die Autoren dem Publikum eine ehrliche, zeitnahe Aussage – vor 200 Jahren hätten sie vielleicht ihr Stück betitelt: Fäustling – ein musikalisches Fragment. Sie bedienen sich dabei literarisch des Wiener Dialekts und musikalisch einer anspruchsvollen, progressiven Pop-Musik," (1, Cover)

Die Umdeutungen der Grundsituationen aus Goethes ‚Faust', zugeschnitten auf den egoistischen Fäustling, einem modernen Vertreter der konsumorientierten bürgerlichen Mittelschicht, darf als ausgesprochen gelungen bezeichnet werden, wobei die freche Musik insbesondere die jungen Leute anspricht. Es ist motivierend für die Arbeit an Goethes Drama, die neuformulierten Inhalte von ‚Fäustling. Ein Spiel in G' mit der klassischen Vorlage zu vergleichen, und zwar unter zwei Fragestellungen:
1. Warum beschäftigen sich Ambros und Prokopetz mit den Inhalten von Goethes ‚Faust', d. h., inwiefern besitzen bestimmte Inhalte der Vorlage zeitlosen Charakter?
2. Welcher Natur sind die inhaltlichen, formalen und sprachlichen Abwandlungen, und wie lassen sie sich begründen?[4]

5. Eintagsfaust oder ‚Faust'-Digest? Beide Teile an einem Abend, bearbeitet von Istvan Büdy und Ingo Waßerka (Darmstadt, 1975)

Der Dramaturg Waßerka und der Regisseur Bödy sichteten 1974 sämtliche ‚Faust'-Dichtungen Goethes einschließlich aller Entwürfe und Paralipomena. Das Ergebnis ihrer Bemühungen präsentierten sie Anfang 1975 am Staatstheater Darmstadt der Öffentlichkeit: „‚Faust'. Tragödie in vier Abschnitten von Johann Wolfgang Goethe. Bearbeitung für einen Abend".
In einem ‚Lesebuch zur Inszenierung' erläuterten die Bearbeiter ihre Vorgehensweise:

„Warum Faust eins und zwei an einem Abend? Nichts soll damit bewiesen werden, nicht, daß beide Teile aus einem Guß sind, nicht, daß Goethe erst auf die Sprünge gehol-

(4) Die Schallplatteneinspielung (Näheres siehe Nr. 1 der Literaturliste) ist noch im Handel erhältlich: ein 'Muntermacher' für den Unterricht – aber erst nach der Behandlung des ‚Faust I' einsetzen!

fen werden muß, nicht, daß alle Faust-Regisseure und -Bearbeiter vor uns auf dem Holzwege waren.
Es soll eine Geschichte erzählt werden, eine exemplarische, realistische, märchenhafte, theatralische, poetische, komische, auch sentimentale Abenteuergeschichte des Geistes. Und da es pervers ist, eine Geschichte zu beginnen, und, kaum begonnen, abzubrechen, um sie gar nicht oder nach Jahren zuende zu erzählen, haben wir das gesamte Material, eins und zwei und Entwürfe und Skizzen, gebraucht. Wie aber macht man aus 12 111 Versen 3 662? Das Schimpfwort vom Goethe-Digest wird schnell zur Hand sein. Aber nicht jeder Vers des Olympiers ist olympisch, und im zweiten Teil sind die Ausflüge des poeta doctus durch die abendländische Kulturgeschichte umfangreich, verschlüsselt und langweilig.
Also streichen. Ganz konzentriert die Geschichte verfolgen: Dr. Heinrich Faust auf den Stationen seiner Lebens- und Welt-Fahrt. Natürlich ist diese Geschichte eingebettet in die ontologische Versuchsanordnung: Sein oder Nichtsein, Gott gegen Teufel – das ist der Motor. Aber Philosophie hat nur hier Platz, nicht in der Geschichte selbst, die ist eine Folge von Situationen, Stimmungen, Figuren-Konstellationen. Der Geist der Goethezeit und andere Geister interessieren uns herzlich wenig.
Allerdings sagt man uns, Goethes Faust sei die Bibel der Deutschen und habe in keines Stalingrad-Landsers Tornister gefehlt. Das ist hoffentlich ein Gerücht.
Trotzdem haben wir uns Sorgen gemacht, deutscher Schulmeister-Fleiß könne über eineinhalb Jahrhunderte hin Fausts Landsleuten das „Wer immer strebend sich bemüht“ so eingebleut haben, daß sie vor lauter Gläubigkeit angesichts dieser DICHTUNG das Beobachten, das Denken und das Vergnügen verlernt haben.
Unser Beitrag zur Kritik solch ehrfürchtig-gebückter Geisteshaltung: eine direkte Erzählhaltung: Fausts Geschichte als Trivial-Geschichte, naiv und humorvoll erzählt. Goethe lieferte dazu das Stichwort: ‘Gil Blas’. Im übrigen haben wir Goethe sowieso auf unserer Seite: ‘Machen Sie mit meinem Faust, was Sie wollen’ – mag dieser Goethesche Satz an den Braunschweiger Theaterdirektor Klingemann verbürgt sein oder nicht.“ (4, 2)

Das fast fünfstündige Spiel war in vier Abschnitte aufgeteilt, jeweils durch eine Pause getrennt: 1. Gelehrtentragödie, 2. Gretchentragödie, 3. Helena (Bearbeitung des 1. bis 4. Aktes von ‚Faust II‘), 4. Fausts Tod (5. Akt).
Besonders erwähnenswert ist, daß die Gestalt Fausts durch drei Schauspieler verkörpert worden ist. Faust nämlich sei, meinten die Bearbeiter, nicht nur durch vier unterschiedliche Entwicklungsstadien geprägt, sondern er erscheine im Spiel auch in vier Lebensaltern: „Der Faust des Anfangs: 60; der Gretchen-Faust: 25; der Helena-Faust: 40; der Faust des Endes: an die 100. Den ersten und vierten Faust zu spielen ist ein großer Reiz. Aber kein Schauspieler schafft alle vier Fäuste ohne Chargieren und andere Peinlichkeiten; und ohne daß er, sechzigjährig, vor dem Dom von der Sittenpolizei aufgegriffen würde.“ (4, 2)
Die Kritik bemängelte insbesondere die gewaltigen Lücken und – damit verbunden – die zu großen Sprünge im Text: Nur wer beide Teile kenne, sei in der Lage, dem Bühnengeschehen zu folgen. Zu oberflächlich habe diese Inszenierung den Stoff erschlossen.

6. ‚Faust salpêtrière': Klaus Michael Grübers psychologische Visionen (Paris, 1975)

Ein weiteres eigenwilliges Projekt um und mit Faust ereignete sich 1975 in den Räumen einer Kapelle, die zum Krankenhauskomplex des Pariser Hospitals Salpêtrière gehört. Dort hatten der Regisseur Klaus Michael Grüber, der Bühnenbildner Gilles Aillaud und der Kostümdesigner Eduardo Arroyo sechs Spielräume geschaffen, in denen der gesamte Faust frei nach Goethe zu variieren war. Die dabei verwendete französische Prosatextfassung umspannte beide Teile des Faust, auf ein Zehntel des tatsächlichen Umfangs gekürzt.

Während der Aufführung durchwandern höchstens dreihundert Zuschauer mit den sieben Akteuren die Spielräume, in denen man gehen, stehen, sitzen oder liegen kann. Bei dieser eigenartigen Faustwanderung tragen Faust und Mephisto lange, dunkle Mäntel sowie Hut und Koffer. Der erste Teil wird im Zentralraum gegeben, im zweiten begleiten die Zuschauer Faust von Seitenschiff zu Seitenschiff auf seiner Reise durch die Welt.

Goethes Text hat bei dieser Reise durch die Welt Fausts mehr begleitende als leitende Funktion, denn einer solchen Inszenierung, die Georg Hensel „Regie- und Genietheater in seiner extremsten, einsamsten Form" (11, Beilage) nennt, kann es nicht um exakte Textvermittlung, „sondern um eine visionäre szenische Nachdichtung der Grundsituationen des Stückes in surrealistischen Bildern" (11, 26) gehen. Wie verdichtet die Szenenfolgen erscheinen müssen, zeigt sich beispielsweise in der Paktszene, die auf einen einzigen Messerstich zusammenschnurrt, den Faust in einen baumelnden Sack ausführt. Der herausrinnende Sand symbolisiert den unaufhaltsamen Ablauf, mit dem sich Gretchens Verhängnis abzeichnet, denn am Schluß des ersten Teils endet sie an dem stetig wachsenden Sandhaufen.

Die unisono in Mantel und Hut gehüllten, kofferschleppenden Gestalten in Grübers ‚Faust salpêtrière' gleichen einsamen Alltagsmenschen einer anonymen Gesellschaft, heimatlosen und ziellosen Emigranten, die einfach unterwegs sind und dabei ihr Schicksal erleiden. Gerade weil die Zuschauer zu „Mitläufern" werden, sind die Helden des Spiels nicht sonderlich herausgehoben, sondern gehören einer Masse Mensch an. Kein eigentliches Spiel vor dem und für ein Publikum zeichnet die Helden aus, sondern das gemeinsame Erleiden einer visionären Verfremdung.

Trotz des ungewöhnlichen Vorgehens waren diese Varianten über Goethes Themen eng an die Mythologien des Dichters gebunden: „So weit Grüber von Goethe wegzugehen scheint, so sicher führt sein Weg zu Goethe zurück." (11, Beilage), urteilte damals Hensel.

7. Peymanns, Freyers und Beils „Stuttgarter Faust" als „Inbegriff des Theaters": beide Teile an zwei aufeinanderfolgenden Abenden (1977)

Etwa 100 Kritiker pilgerten im Februar 1977 nach Stuttgart, um das angekündigte Spektakel möglichst hautnah mitzuerleben! Und die Reaktionen fielen extrem aus: Während Günther Rühle in ‚Theater heute' fast uneingeschränkt lobte: „Der Regisseur Claus Peymann, der Bühnenbildner Achim Freyer und der Dramaturg Hermann Beil haben in Stuttgart die beiden Teile von Goethes ‚Faust' als Inbegriff des Theaters erfaßt" (2, 18), gebrauchten andere Kritiker Worte wie „Kasperltheater" oder „Stuttgarter Faust-Trip". Beil schreibt im Bildband zur Aufführung (3): „Diese Inszenierung zeigte ‚Faust I' und ‚II' als zusammenhängendes Stück, als eine sich in Stufen, in Stationen entwickelnde Geschichte, deren widersprüchliche Einheit sich allein schon in immer wiederkehrenden Motiven dokumentiert [. . .] Den ganzen Faust aufzuführen – als eine Geschichte erzählt an zwei aufeinanderfolgenden Abenden –, dieses Theaterunternehmen steht auch gegen eine Aufführungstradition, die einmal von Gustaf Gründgens' legendärer Virtuosität beherrscht wird und zum anderen ‚der Tragödie zweiter Teil' immer nur als weihevolles, kaum zu enträtselndes Lese- und Bildungsdrama verstand.

Goethe hielt zu seinen Lebzeiten ‚Faust II' unter Verschluß. Nichts anderes tat das Theater auch, so als ob das 'Vorspiel auf dem Theater' nur für den ersten Teil gelten kann. [. . .] Mit der Figurenkonstellation Faust/Mephisto gelang es Goethe, die Erkundung unseres bürgerlichen Zeitalters in einen großen Theatervorgang zu bringen. Faust kann unser Nationaldrama sein, weil es die Geschichte der bürgerlichen Klasse erzählt, weil es, beginnend mit dem zartesten, tastenden Erinnerungsvorspiel 'Zuneigung' bis hin zu Fausts humaner Sozialutopie am Schluß auf theatralische Weise einen historischen Prozeß abbildet." (2, 5)

Die Stuttgarter Inszenierung lebte nicht nur von den unerschöpflichen, grandiosen Einfällen Peymanns, sondern gleichermaßen von der Phantasie und der farbigen Bilderfülle Freyers, der musikalischen Aggressivität Hansgeorg Kochs und dem Spielwitz sowie der Spielfreude der Schauspieler. Für den ersten Abend, der mit der Szene „Anmutige Gegend", dem Beginn von ‚Faust II', schloß, baute Freyer eine dreistöckige Bühne, die auch für die „Walpurgisnacht" tauglich war.

Im ersten und vierten Akt des zweiten Teils verlassen die Schauspieler das „enge Bretterhaus" der Bühne, um im Foyer unter den Zuschauern oder auf etlichen Spielpodien das Treiben um Faust, Mephisto und die von Goethe evozierte mittelalterliche Gesellschaft miterlebbar, ja, in gewisser Weise „wirklich" werden zu lassen. Sosehr sich diese Szenen und die gesamte Konzeption „als Komödie, als Menschheitskomödie" (2, 6) gaben, so bitter und erschütternd wurden Fausts Verbrechen im fünften Akt dargestellt, so kalt erschreckend und ernüchternd Fausts Lebensbilanz im Dialog mit der Sorge.

In einer fünfbändigen Buchkassette stellte Beil wichtige Aspekte der ‚Faust'-Forschung der Nachkriegszeit zusammen: Auch eine wissenschaftliche Auseinandersetzung mit dem Drama fehlt damit nicht. Die Wirkung des großartigen Stuttgarter ‚Faust'-Spiels reichte sehr weit: Die Kritiker, die Heymes (1978 in Köln) und Lindtbergs (1979 in München) ‚Faust II'-Inszenierungen besprachen, verglichen deren Realisierungen mit den Leistungen Peymanns. Dasselbe ist für die Besprechung der Aufführung beider Teile, die Gobert 1980 in Hamburg auf die Bühne brachte, festzustellen: Bei manchen der Rezensenten erfuhr nun erst der „Stuttgarter-Faust 1977" eine Aufwertung.[5]

(5) Der von mir edierte Bildband – siehe Nr. 3 der Literaturliste – ist derzeit vergriffen.

8. ‚Faust II' an zwei Abenden: Hansgünther Heymes Kölner Inszenierung (1978)

Von fast gleichem Rang wie der Stuttgarter Faust ist Hansgünther Heymes sechsstündiger, auf zwei Abende verteilter ‚Faust II', der viele Einfälle und Elemente Schröders aufgreift. 1978 wird in Köln der zweite Teil ohne Zusammenhang mit ‚Faust I' gespielt, aber vor Jahresfrist brachte Heyme den ‚Urfaust' auf die Bühne. In der Eingangsszene „Anmutige Gegend" läßt Heyme anstelle der Engel einen Knaben auftreten, der die Kleider des Faust aus dem vorangegangenen ‚Urfaust' trägt. Diese junge Faustfigur ist es nun, die dem Faust des zweiten Teils die Kräfte zum Weiterleben verleiht.

Heyme und sein Bühnenbildner Robert Kistner entwickelten ihr Konzept aus den Zusammenhängen der Biedermeierzeit, in der ‚Faust II' größtenteils entstand, doch halten Heyme und Kistner ironisch-kritische Distanz in dieser Epoche.

Statt vielfältiger Theaterformen zitiert Heyme nur das antike Theater und arbeitet sonst mit den Mitteln des bürgerlichen Operntheaters, hierin weitgehend den Absichten Goethes entsprechend. In den Kaiserhofszenen des ersten Akts, dem „Mummenschanz" und in der „Klassischen Walpurgisnacht", die in eine grandiose Apotheose mündet, dominiert das opernhafte Arrangement, das bei Schröder nur in der „Klassischen Walpurgisnacht" und dort nur in der Choreographie des Bühnenbildes zum Zuge kam.

Den dritten Akt hebt Heyme zunächst „mit geradezu asketischer Strenge beinahe wie ein klassisches Monument aus dem theatralischen Zusammenhang heraus" (22, 49–50) und entfaltet eine griechische Tragödie hohen Stils, um dann in kunstvolle Oper umzuschlagen. Ganz im Sinne Goethes dürfte es sein, wenn die Schauspielerin Manuela Alphons als Helena unversehens mit klarer Sopranstimme zu singen anhebt.

Dioskurenhaft treten Mephisto und Faust im vierten Akt auf: gleich gekleidet im Biedermeierlook, den ihnen bereits Schröder verordnet hatte. Dem Kriegstreiben schauen beide Gefährten fast amüsant zu, als seien sie zwei Regisseure, die unsichtbare Fäden in Händen halten und damit das Geschehen geheimnisvoll steuern. Den fünften Akt beherrscht anfangs biedermeierliche Gartenlaubenidylle, die auch Faust umgibt. Die vier grauen Weiber treten nicht als Allegorien von Schuld, Mangel, Not und Sorge auf wie in Stuttgart, sondern sehr realistisch als Frauen des damaligen verelendeten vierten Standes: die graue Sorge nimmt nach dem Tode von Philemon und Baucis an deren freigewordenem kargem „Vespertisch" Platz, um so anzudeuten, „daß die Zerstörung der vorindustriellen Idylle durch die Expansion der bürgerlichen Ökonomie den vierten Stand auf den Plan ruft" (22, 51).

Faust stirbt in Mephistos Armen, und Heyme läßt beide „in der pseudosakralen Stellung einer Pietà verharren" (22, 52), in der „dialektisch das Wissen um Auferstehung" (22, 52) steckt. Wie Béjart[6] erfindet Heyme einen jungen Faust, der im Ur-

(6) In dieser Zeit der Goethe-Variationen entsteht in Brüssel eine Kunstschöpfung ganz anderer Art: eine „Privatmythologie", wie die Ballettkritik weitgehend übereinstimmend und ein bißchen übelwollend kommentiert. Gemeint ist Maruice Béjarts Tanzschauspiel ‚Nòtre Faust. Dreizehn Variationen über ein Thema von Goethe.' Das Werk faßt in starker Raffung beide

faust-Kostüm der Anfangsszene steckt: schwarze Todesengel heben ihn aus dem Grab und reichen ihn stufenweise zur *mater gloriosa,* die mit diesem jungen Faust den Chorus Mysticus spricht. Das trauermarschartige Allegretto aus dem zweiten Satz der 7. Sinfonie Beethovens begleitet diese Vorgänge. Deutlich weisen zwei Elemente auf ein Zukünftiges: der junge Faust wird, ja muß weiterleben. Auch Beethovens 7. Sinfonie mündet im Schlußsatz in den Taumel einer Lebensfreude, den Richard Wagner bekanntlich als „Apotheose des Tanzes" apostrophierte.

Eine große Schar von Kritikern reiste zu Heymes ‚Faust II'-Premiere nach Köln. Danach zeigte sich etwas Sonderbares: Nicht wenige von denen, die Peymanns Inszenierung wenige Monate zuvor noch förmlich zerrissen hatten, entdeckten am „Stuttgarter-Faust" immer mehr positive Aspekte. So revidierte beispielsweise Georg Hensel seine über weite Strecken ablehnende Kritik der Leistungen von Freyer und Peymann. Inzwischen brachten die Gastspiele der Stuttgarter Truppe mit ihrem Faust beim Berliner Theatertreffen (1977), den Wiener Festwochen (1978) und bezeichnenderweise im Deutschen Schauspielhaus Hamburg (Frühjahr 1979) auch bei der Presse uneingeschränkte Anerkennung, verglichen mit dem Pro und Contra der Premierenkritiker. Vielen von ihnen warf Günter Mahal, der Direktor des Faust-Museums in Knittlingen, teilweise Unkenntnis des Textes von ‚Faust II' und unbewußte Orientierung ihres Urteils an Gründgens vor: „Hier erwies sich ein weiteres Mal die Misere einer Kritik, die sich ein Verein von Rechthabenmüssern wähnt und die gottgleiche Endzeiturteile zu fällen sich anheischt, obwohl und weil die Werkkenntnis fehlt, die Bekanntschaft insbesondere mit dem Zweiten Teil samt seinen vielen Dichtern des 19. Jahrhunderts peinlichen katholischen Himmelsschluß. – Ich möchte nicht mißverstanden werden: es ist schon ein strapaziöser Job, von einer Premiere zur anderen zu reisen, vor einer Woche Horváth, vor fünf Tagen Pirandel-

---

Teile des ‚Faust' zusammen und kommt auf weiten Strecken nicht ohne Sprache aus. Immer wieder sprechen die Tänzerinnen und Tänzer eine Reihe von Goethes Versen, teils um deren leitmotivischen Charakter zu unterstreichen, teils auch, um den Zuschauern einen Hinweis darauf zu geben, welche Phase des Handlungsablaufs nun dargeboten wird. In einem Interview und einem ausführlichen Textheft hat sich Béjart zu seinem kühnen Unternehmen geäußert (siehe Nr. 15 der Literaturliste).

Schon der Begriff „Variationen" deutet an, daß sich Béjart nicht mit einer bloßen Raffung der für einen Ballettabend überlangen Handlung zufriedengibt, sondern auch Inhaltliches modifiziert. Als zentrale Themen des Goetheschen ‚Faust' nennt Béjart das der „Einsamkeit" und das des „Paares". Einsam ist Faust über weite Strecken des ersten, aber auch des zweiten Teils, so beim Entschwinden Helenas. Mit Blick auf Mephisto wird Faust zum Partner eines unzertrennlichen Paares, bei dem der eine die notwendige Voraussetzung des anderen ist, ja, der eine ohne den anderen überhaupt nicht gedacht werden kann: Béjart läßt Faust und Mephisto den ominösen Pakt gemeinsam mit „ihrem" Blut besiegeln, und in der „Hexenküche" verwandelt sich der alte Faust in Mephisto, während Mephisto fortan Faust ist und Gretchen ins Unglück stürzt. Am deutlichsten greift Béjart in den Ablauf des zweiten Teils ein: der vierte Akt fehlt völlig, und vom fünften erleben wir nur die Sterbeszene. Erst nach dem Erlebnis mit Helena steigt Faust in das Reich der Mütter hinab, sieht sich dort als glücklicher und sorgloser Knabe wieder und stirbt aus Seligkeit. Nun lauert Mephisto am Leichnam des alten Faust, um dessen Seele zu erhaschen. Triumphierend ruft er aus: „Alles ist vorbei!" – „Alles beginnt von neuem", schallt es aus dem Hintergrund der Bühne wider, wo ein Knabe als ein neuer, junger Faust hervortritt und die Eingangsverse des Studierzimmermonologs rezitiert: „Habe nun, ach . . .".

Für Béjart ist Goethes Faust-Mythos ewigwährend, und die Erfindung des jungen Faust sollte dies anschaulich symbolisieren; drei Jahre später wird dieser Einfall in Heymes ‚Faust II'-Inszenierung wiederkehren.

lo, vor dreien Ben Jonson, gestern ein Strawinsky-Ballet, heute und morgen Goethe/Peymann/Freyer, in drei Tagen Brecht und tags darauf eine Matinee der Freilichtspiele in Sowieso... Die meisten Kritiker dieser nahezu (man darf die Götter nicht versuchen – drum bremse ich mich und sage: nahezu) vollkommenen Leistung eines wundervollen Ensembles... diese Kritiker also hätte Karl Kraus als Schmocke bezeichnet: als Leute, die noch nie einen Osterspaziergang gemacht und auch nie Auerbachs Säufer kennengelernt haben, vom phallischen Brimborium der Hexenküche ganz zu schweigen, die vielmehr immer im Studierzimmer hockten; und die ihren aus Papier und Patina zusammengepappten ‚Faust' in eine Aufführung mitbrachten, die ihnen eigentlich hätte zeigen müssen, daß Goethe eben nicht nur Papier gefüllt hat. Daß sie das Stuttgarter Theaterergebnis irritierte, gar schokkierte, weil sie es nun gar nicht mehr mit ihrem (tatsächlich ganz gelesenen? und auch verstandenen?) Studierzimmerpapiertext zusammenreimen konnten, das mag man verstehen" (23, 1381–1382).

Heymes Entscheidung, innerhalb eines Jahres den ‚Urfaust' und ‚Der Tragödie zweiten Teil' in Szene zu setzen, weist auf ein unbestreitbares Faktum: Daß nämlich der ‚Urfaust' und ‚Faust II' dem ‚Volksbuch' bei weitem näher stehen als ‚Der Tragödie erster Teil'. Ein Vergleich des Verhaltens von Faust in „Auerbachs Keller" im ‚Urfaust' mit jenem des ‚Faust I' belegt diese These.

9. Zehn Stunden ‚Faust': Hans Hollmann inszeniert beide Teile an zwei Abenden (Hamburg, 1980)

Über Monate wurden in Hamburg hochgesteckte Erwartungen geweckt, die dann nicht erfüllt werden konnten: Nach der Premiere spottete die nationale Kritik über diesen vom Thalia-Theater selbst inszenierten Zapfenstreich, der ein Faust-Fieber ausgelöst habe – zu unrecht, wie sich herausstellte.

Wie u. a. in Stuttgart erfolgreich erprobt, entschied sich auch Hollmann für eine Inszenierung beider Teile an zwei aufeinanderfolgenden Tagen. Benjamin Henrichs bezeichnete das Ergebnis als interessanten Zusammenstoß „zwischen der Hamburger Heilserwartung und Hollmanns prosaischem Wirklichkeitssinn, zwischen Weihestimmung und blutigem Witz" (10, 39). Geradezu häßlich sei dieser ‚Faust' inszeniert: „Das fängt an und hört auf mit Andreas Reinhardts geradezu aberwitzig häßlichem Bühnenbild. Ein enger, hoher dreistöckiger Raum, kahl und gekachelt [...] die 'Poesie' dieses Bühnenraums ist die einer großstädtischen Unterführung, eines Operationssaales, eines Schlachthauses, eines monumentalen Pissoirs." (10, 39) Dasselbe Prinzip sei hinsichtlich der Personenzeichnung festzustellen: „Auf den großen Schrecken des Bühnenbildes folgen gleich viele kleinere: ein Faust tritt auf (Traugott Buhre), dick, schwitzend, nicht mehr jung, der wie ein prosaischer Gegenentwurf aussieht zum Idealbild von der schönen, tiefen deutschen Seele. Heinrich Faust, Kleinbürger. Sein Gretchen (Maria Hartmann) ist ein dralles, plumpes Kind mit blonden Zöpfen, tapsig pubertären Bewegungen – Margarethe vom Bund Deutscher Mädchen. Und Mephisto, eben Boy Gobert, ist ein Teufel, der sich alle Teufelsspäße und Teufelsdämonien ausgetrieben hat – ein mürber spöttischer, auch schon älterer Herr, ironisch und intelligent, der Teufelsgeschäfte sichtbar müde. Kein Fürst der Hölle, sondern ihr leitender Angestellter – Mephisto, der Herr Intendant." (10, 39) Auch in der Sprache wirkte Häßlichkeit: Geschrei, Krampf und hohles Pathos.

Bitter rächte es sich in ‚Faust II', daß Hollmann ein Regisseur ohne Phantasie sei: „Die beiden letzten Stunden der Veranstaltung sind die schiere Quälerei, für die Menschen auf der Bühne genauso wie für die im Zuschauerraum." (10, 39)

Albrecht Goetze, der zusammen mit Gisela Scheidler einen Fotoband[7] zu Hollmanns ‚Hamburger Faust 1980' erarbeitet hat, liefert jene Assoziationen, die auf der Bühne fehlten:

„Alle Sätze hat der Autor vorgeschrieben. Aber solange sie ungesprochen sind, bleiben sie Buchstaben. Solange sie ungespielt sind, bleiben sie Wortreihen mit Interpunktion. Inszenieren ist die Suche nach ihrem sichtbaren Sinn. Spielen heißt Übersetzen der Sätze in Raum und Zeit, in die Realität der Bühne, in die Grenzen eines leeren Raumes. Im leeren Raum kann sich der Mensch nicht orientieren. Er braucht Licht oder Uhren, Kompaß oder Sextant. Landstraßen. Wasserwege. Luftkorridore. Himmelsrichtungen. Rechts und links. Oben und unten. Hinten und vorn. Allein auf der Bühne mit nichts als sich selbst und der Sprache, der Schauspieler als Einhandsegler auf dem Meer. Mit aller Angst vor dem Unbekannten. Der Lust am Unberechenbaren. Angst und Lust sind Ingredienz der Arbeit. Für Schauspieler und Regisseur. Die deutsche Berufsbezeichnung leitet sich her von regieren, herrschen. Das Englische sieht das anders: stage director, ein Mensch, der auf der Bühne die Richtung zeigt, den Weg finden hilft. Der leere Bühnenraum hat mehr Fallen, mehr Hindernisse als jeder andere Arbeitsplatz. Bühnenbilder können das allenfalls vertuschen. Sophokles und Shakespeare benützten diese Hilfsmittel nicht. Die Bühne ist kein Studierzimmer, kein Kerker, keine anmutige Gegend. Sie kann es werden, im Einverständnis zwischen Schauspieler und Zuschauer. Aber allem Dekor zum Trotz bleibt die Bühne Bühne. Der Schauspieler trotz aller Kostüme Schauspieler. Die Bühne ist ein Ort für Zufälle. Wie der Schauspieler. Und die Proben sind eine Zeit für Zufälle während der Reise in ein bekanntes Stück. Ist es bekannt, wenn der Text gelesen wurde? Am Tisch, auf dem Stuhl, mit dem Bleistift in der Hand, mit Betonung in der Stimme? Nein. Tischgespräche, Assoziationsketten, Wortspiele und Gedankensprünge kommen vielleicht dem Text, nicht aber der Bühne bei. Auf der Bühne gibt es plötzlich den Raum, die Bewegung, den Anderen, die Überraschung, den Spaß am Spiel, die Unsicherheit, die Angst. Und – die Pause. Die ratlose Pause. Die Erschöpfungspause. Aber auch die Pause, die Teil des Spiels ist. Sie unterbricht das Geschehen nicht, sie ist Geschehen. Die Leere, das Nichts wird Ereignis – auf der Bühne. Zu diesen Pausen führt der Regisseur, findet der Schauspieler, fordert der Text auf. Pausenlos arbeiten, pausenlos spielen – so lassen sich vielleicht Untiefen umschiffen, Schwierigkeiten umgehen. Aber das Schwierige, das Unvorhersehbare, das Unsichtbare, wie Peter Brook es nennt, das Unlösbare, das Rätsel – sie werden so auch umgangen, umschifft. Das Fließband klammert Rätsel und Lösung aus. Und darum gibt es für die Proben keinen Produktionsakt, keine Akkordzeit. Der Augenblick der Pause, der Ruhe, ist oft der einzige Moment, in dem das Entscheidende geschieht, Inszenierung oder Schauspieler sich unerwartet dem Erwarteten nähern: dem Verstehen, Erkennen des Textes, und dem Zeigen des Erkannten. Der Regisseur als Navigator am Theater muß die Pause provozieren, erzwingen; der Schauspieler sie

(7) Auch die Hamburger Inszenierung Hollmanns ist fotografisch 'erschlossen': s. Nr. 7 der Literaturliste.

sich erkämpfen. Denn jede wirklich neue Idee ist ja eine Aggression. Und auf den Angriff folgt beim Angegriffenen die Schrecksekunde, in der er entweder einfach ist oder viele mögliche Reaktionen durchspielt und sich dann für eine entscheidet. So werden auf der Bühne Lösungen gefunden für Schwierigkeiten, die es nur dort und nicht am Lesetisch oder beim Vorausdenken gibt. Auf der Bühne wird Leben entworfen – und nicht etwa Leben imitiert. Vormachen und Nachmachen sind für mich die widersinnigste Vorstellung von Proben. Denn der Schauspieler ist kein Nachahmer. Auf den Proben wird Realität erfunden, nicht kopiert. Wenn es anders ist, wird Theater zur Dressur. Dressur verhindert Suchen, Denken, Spielen und Finden. Theater ist erdachte, erkämpfte, erspielte Wirklichkeit.
Proben bedeutet den Mut, zu versagen. Den Mut, sich zu verirren im leeren Raum. Den Mut, ratlos zu sein. Mut ist der einzige Kompaß für Schauspieler und Regisseur. Proben sind Expeditionen, die bekanntes Land in unbekanntes verwandeln. Wenn Regisseur und Schauspieler sich dem Unbekannten aussetzen, können sie sich orientieren, in sich und im leeren Bühnenraum Rätsel und Lösungen finden. Rätsel und Lösungen sichtbar machen heißt bereit sein, die Schrecksekunde zu erleben. Auf der Bühne." (7, ohne Seitenzählung)

In einer Kontemplation zur Szene „Anmutige Gegend" stößt Goetze zum Kern des Goetheschen ‚Faust' vor:

„Der Forscher Faust hat die wissenschaftliche Disziplin seiner Zeit erarbeitet. Erfolgreich, mit akademischen Ehren versehen. Er weiß, daß er mehr weiß als seine Konkurrenten. Ihn 'plagen keine Skrupel noch Zweifel', vielmehr die Einsicht, Wissen sei Macht. Er sieht sich als ohnmächtigen Hochschullehrer an einer kleinen Universität, das Universum ist ihm verschlossen. Seine Nachtgedanken gehen auf Omnipotenz. Seine Nachtträume sind Machtträume am Schreibtisch. Wissen und schrittweise Erkenntnisarbeit genügen seinem Ich nicht. Das Mögliche macht ihn depressiv, lähmt seine Energie. Faust sucht die Weltformel, mindestens. Das Unmögliche als Ziel beflügelt diesen deutschen Professor. Gott sein oder tot. Eine Existenz, die nicht alles hat, alles weiß, alles kann – eine menschliche Existenz, begrenztes Sein, sind für ihn nicht lebenswert. Mit seinem Geist will er die Grenzen zum Gottsein übersteigen, zur Allmacht. Und als der Geist ihm seine Grenzen zeigt, beantwortet er das Erkennen der Realität mit tödlicher Verzweiflung. Diese Lebenskrise verengt sein Denken zur Polarität von Entweder–Oder. Die Angst, klein zu sein, ein vielleicht erfolgreicher, aber ans Mögliche gebundener Forscher zu bleiben, springt über zum Plan, der Wissende zu werden, der mächtige Macher. Dieser Wunsch disponiert ihn zum Überschreiten der sozialen und ethischen Grenzen seiner Gesellschaft. Die Vorstellung von übermenschlichem Vermögen macht Faust reif für seinen Führer. Mephistopheles. Dieser Führer hat nichts sonst zu verwirklichen als Fausts Denkspiele von Allwissenheit und gottgleicher Macht. Und das um jeden Preis. Es gibt den Führer, weil Faust ihn will, ihn braucht. Mephistopheles drängt sich nicht auf, er kommt gerufen. Dreimal gerufen. Faust wählt ihn zum Führer, verschreibt sich ihm, obwohl Mephistopheles sich deutlich zu erkennen gibt.
Zunächst wird Leben nachgeholt. Das hatte Faust, fixiert auf die akademische Karriere, bisher entbehrt. Und da er sein Ich, seine gelehrte Vergangenheit verleugnet, als reifer Mann, verjüngt, neu beginnen will, kann er sich einreden, Gretchen sei, was er sucht. Seine persönliche Verantwortung übertönt Faust mit Selbstbezichtigung; die deutsche Sprache bietet ihm dafür brauchbaren Wortschatz: Flüchtling, Unbehauster, Unmensch und Gottverhaßter. Nachdem sich Faust vorsorglich verbal gegeißelt hat, also entschuldigt, kann er Endworte sprechen, die wie ein Leitmotiv wieder und wieder variiert in deutscher Geschichte ertönen: 'Was muß geschehen, mag's gleich geschehen!/Mag ihr Geschick

auf mich zusammenstürzen/Und sie mit mir zugrunde gehn!' Gretchen geht zugrunde. Mit ihr Mutter, Bruder und das von Faust gezeugte Kind. Drei Generationen. Der Dichter Goethe erläßt dem von ihm erfundenen deutschen Täter das *Erinnern, Wiederholen, Durcharbeiten* (Sigmund Freud) der Vergangenheit und bettet ihn in anmutiger Gegend auf blumigem Rasen. Ariel wäscht Fausts Gedächtnis rein von behindernden Schuldgefühlen und müßigen Sühnegedanken. Faust hatte ohnehin schon in der Szene TRÜBER TAG. FELD den von ihm gewollten und gewählten Führer alleinschuldig gesprochen: 'Mir wühlt es Mark und Leben durch, das Elend dieser Einzigen – du grinsest gelassen über das Schicksal von Tausenden hin!' Der Andere, findet Faust, trägt die Verantwortung. Und auf Mephistopheles' gezielte Frage: 'Wer war's, der sie ins Verderben stürzte? Ich oder du?' schreibt Goethe die beredte Antwort: 'Faust (blickt wild umher)' Faust beginnt nach diesem Scheitern mit einer Gedächtnislücke, mit einem Sprung vom Vergangenen ins Gegenwärtige, um 'Zum höchsten Dasein immerfort zu streben./' Die Gretchen-Katastrophe reduziert sich ihm zum Patzer in seiner biografischen Kür, der durch rastloses Tätigsein wieder wettgemacht werden kann. Währungsreform, Wirtschaftswunder und Wiederbewaffnung – so lassen sich seine ersten Taten mit neudeutscher Sprache umschreiben. Mephisto machts möglich. Nachdem im Kaiserreich die Kasse stimmt, ist auch Kultur wieder erwünscht, als Mummenschanz, als Zeitvertreib. Faust ist zu Diensten. Bis zu seinem Tode benützt Faust seinen Helfer, der mit ihm den Zusammenbruch überlebt hat, zur Befriedigung seiner privaten Wünsche, über Helena und Generalstabsarbeit bis hin zu Herrschaft, Eigentum und Landbesitz – und sei's auf Kosten von Philemon und Baucis. Kleine, mittlere und große Katastrophen, von ihm verursacht, arbeitet Faust nicht auf als private Erfahrungen, macht sie nicht gesellschaftlich nutzbar. Vom Erkenntniswillen, vom Wunsch zu wissen 'was die Welt/Im Innersten zusammenhält/', ist im neuen tätigen Leben nie wieder die Rede. Faust will nicht säumen, sich nicht mit Erinnerungsarbeit aufhalten. Auf blumigen Rasen bleibt Faust gebettet, bis er ins Grab stolpert. Auch da täuscht sich der inzwischen erblindete Wissenschaftler noch, meint, Land werde erschlossen, während man ihm die Grube gräbt. 'Am Anfang war die Tat!' – so überträgt Faust das 'heilige Original' in sein 'geliebtes Deutsch'. Und er handelt danach bis zum Ende." (7, ohne Seitenzählung)

Allerdings hat Hollmann sein Scheitern partiell eingestanden: Er glaube, meinte er in einem Gespräch vor der Premiere, einem solchen Stück, das innerhalb von 60 Jahren geschrieben worden sei, konne man nicht mit einer alles deckenden Konzeption beikommen.

10. Goethes, Grübers oder Minettis ‚Faust'? Eine Inszenierung zum 150. Todestag des Dichters (West-Berlin, 1982)

Bestand Klaus Michael Grübers ‚Faust salpêtrière' (1975) auf weiten Strecken aus revueartigen, die Zuschauer miteinbeziehenden Szenen, so verfällt der Regisseur sieben Jahre später in ein anderes Extrem: nach dem Pariser Ausflug in Fausts Weltenkreise erlebt man 1982 nur einen Blick in das Innere eines Menschen: in das Innere Fausts oder Goethes vielleicht?
Bernhard Minetti, der Faust, hängt während des ganzen Spiels seinen Erinnerungen nach: versunken in einem Sessel seines Studierzimmers sitzend. Was Goethe um

1815 vorschwebte, nämlich die Gelehrtentragödie als Monodrama für eine melodramatische Bearbeitung (Musik: Fürst Radziwill) einzurichten: Grüber und sein Bühnenbildner Gilles Aillaud (er assistierte auch bei ‚Faust salpêtrière') verwirklichen dies insofern, als sie ihre Inszenierung radikal auf Faust – und auf Minetti – zuschneiden.

Dies sollte extreme Konsequenzen zeitigen: Zunächst wurde das Personal auf drei Hauptfiguren reduziert: Faust, Mephisto (Peter Fitz) und Gretchen (Nina Dittbrenner, eine blutjunge Laienschauspielerin). Wagner beispielsweise durfte nur eine Handvoll Verse sprechen, ehe Faust ihn barsch des Raumes Studierzimmer verwies. Folgerichtig machte der Gelehrte seinen Osterspaziergang ohne seinen Famulus, aber auch das Volk war „gestrichen". Sodann waren wesentliche Teile von ‚Faust I' ausgelassen, vornehmlich jene der Gretchentragödie, u. a. fehlten die Schülerszene, „Auerbachs Keller", „Hexenküche" „Spaziergang", „Der Nachbarin Haus", die zweite Szene „Straße", „Garten", „Ein Gartenhäuschen", „Marthens Garten" und die Valentinsszene.

Das Prinzip dieser Streichungen versuchte Rolf Michaelis anhand der ersten Szene des ‚Faust I', „Nacht", exemplarisch aufzuzeigen:

„Am Abend des Tages, an dem vor 150 Jahren in Weimar Johann Wolfgang Goethe gestorben ist, spielt an der Freien Volksbühne Berlin der Schauspieler Bernhard **Minetti** den Faust. **Gilles Aillaud** hat dem Universalgelehrten nicht das von Goethe gewünschte 'hochgewölbte enge gotische Zimmer' gebaut, sondern einen ins Dunkel, ins Nichts sich öffnenden, von einer Kerze auf dem Schreibpult, von Flammen eines Kaminfeuers kaum erhellten Saal.

Aus dieser Schattenhöhle tritt Grübers Faust in den Lichtkegel an der Rampe und klagt: 'Weh! steck ich in dem Kerker noch? / Verfluchtes dumpfes Mauerloch' – und dann, neun Verse überspringend: 'Das ist deine Welt! das heißt eine Welt!' Minetti schlägt die Hände vor die Stirn. Alle zehn Finger krampfen sich um den vom Denken, Träumen, Erinnern gemarterten Schädel.

Da ist die ganze Inszenierung in *eine* Geste gepreßt: Kerker ist nicht die Studierstube, sondern der eigene Kopf. Welt ist nicht draußen, sondern drinnen. Das Leben ein Traum. Goethes ‚Faust'-Tragödie als Kopftheater, das Welt-Stück als Monodrama, das Schauspiel mit Dialogen und Massenszenen als innerer Monolog.

Goethes Drama vom menschlichen Tatendrang ('Wer immer strebend sich bemüht, / Den können wir erlösen') als Theater der Erinnerung?" (19, 43)

Diese Reduktion von Personal und Handlung (Inhalt) gab zu heftiger Kritik Anlaß, die sich insbesondere in einer Flut von Leserbriefen, die im deutschen Blätterwald abgedruckt worden sind, widerspiegelte. In extremer Weise rächten sich nämlich diese Verkürzungen in der Gretchentragödie: Hier wurde das Grübersche Reduktionsverfahren am fragwürdigsten. Denn nicht ‚Faust I' hat Grüber inszeniert, sondern die Einsamkeit Fausts, die Verzweiflung des alten Goethe, theatralisch personifiziert in Minetti: ein bedenkenswerter und diskutabler Ansatzpunkt (Goethes späte Briefe oder die ‚Marienbader Elegie' verdeutlichen dies), bei dem ein Millionenpublikum vor den Fernsehapparaten jedoch überfordert war und zudem ein unrichtiges Bild über ‚Der Tragödie ersten Teil' vermittelt bekam. Die wütenden Proteste waren sicherlich auch darin begründet, daß Grüber gegen die Erwartungshaltungen eines Großteils des weihevoll konsumtiv-gestimmten Publikums inszenierte.

Literaturverzeichnis

(1) Ambros, Wolfgang; Prokopetz, Josef: Fäustling. Ein Spiel in G. [Plattenaufnahme und Textbeilage] Metronome Musik GmbH, Überseering 21, 2000 Hamburg 60 (1973).

(2) Beil, Hermann: Von Heinrich Faust bis Henry Ford. Bemerkungen zu Goethes Faust I und II in Stuttgart. In: (3), S. 5–11.

(3) Beil, H.; Freyer, A.; Mahl, B.; Peymann, C.; Sturm, V.: Johann Wolfgang von Goethe. Faust. Der Tragödie Erster und Zweiter Teil. Die Aufführung der Württ. Staatstheater Stuttgart. Eine Dokumentation. Fotos: Abisag Tüllmann. Belser Verlag, Stuttgart, Zürich (1979).

(4) Bödy, Istvan; Waßerka, Ingo: Ein Lesebuch zur [,Faust'-] Inszenierung. Staatstheater Darmstadt. Programmheft zur Aufführung (1975).

(5) Brecht, Bertolt: Arbeitsjournal. Zweiter Band 1942 bis 1955. Hrsg. von Werner Hecht. Suhrkamp Verlag, Frankfurt/M. (1973).

(6) Brecht, Bertolt: Gesammelte Werke. Band 17. Schriften zum Theater 3. Anmerkungen zu Stücken und Aufführungen 1918–1956. Suhrkamp Verlag, Frankfurt/M. (1967).

(7) Goetze, Albrecht; Scheidler, Gisela: FAUST PAKT Hamburg. Fotografie: Gisela Scheidler, Texte: Albrecht Goetze. Alleinvertrieb der Autoren, Isestraße 122, 2000 Hamburg (1980).

(8) GRÜNDGENS FAUST. Siegfried Melchinger: Faust für uns. Bilder von der Hamburger Aufführung von Rosemarie Clausen. Gustaf Gründgens: Meine Begegnung mit Faust. Suhrkamp Verlag, Berlin und Frankfurt/M. (1982).

(9) Gründgens, Gustaf: Meine Begenung mit Faust. In: (8), S. 113–134.

(10) Henrichs, Benjamin: Erbarmen mit Faust! Die Hamburger Krankheit und ihr Opfer: Goethe. In: Die Zeit, Nr. 5, 25. Januar 1980, S. 39.

(11) Hensel, Georg: Mit der Seele im Koffer. In: FAZ, Nr. 146, 28. Juni 1975. Beilage.

(12) Henze, Walter: Johann Wolfgang von Goethe. Band 2: Nachklassische Stücke und ‚Faust'. Deutscher Taschenbuchverlag, München (1977).

(13) Mahl, Bernd: Die Bühnengeschichte von Goethes ‚Faust'. In: Goethe, Johann Wolfgang von: ‚Faust. Der Tragödie erster Teil', mit Materialien. Ausgewählt und eingeleitet von Bernd Mahl, S. 163–181, Ernst Klett Verlag, Stuttgart (1981). Reihe: Editionen.

(14) Mahl, Bernd: Fragment – Mysterium – Spieltext. Die Bühnengeschichte von Goethes Faust. In: (3), S. 177–202.

(15) Mahl, Bernd: Maurice Béjarts ‚Nôtre Faust. Ein Ballettschauspiel in zwei Teilen'. Mit einem Interview des Choreographen. In: Faust-Blätter. Heft 37 (1979), S. 1581–1602.

(16) Mayer, Hans: Faust II ohne Faust I. In: Schiller-Theater Berlin, Programmheft zur Aufführung, S. 3–6 (1966).

(17) Mayer, Hans: Rückblick des Dramaturgen. In: Theater 1966, Jahresheft 1966, S. 44–45.

(18) Melchinger, Siegfried: Theater der Gegenwart. Suhrkamp Verlag, Frankfurt/M (1958).

(19) Michaelis, Rolf: Großes Theater der Verweigerung. Theater für das dritte Auge. Klaus Michael Grüber und Bernhard Minetti steigen an der Freien Volksbühne in Goethes ‚Faust'-Labyrinth. In: Die Zeit, Nr. 14, 2. April 1982, S. 43.

(20) Mittenzwei, Werner: Brechts Verhältnis zur Tradition. Akademie-Verlag. Berlin (^{4}1976).

(21) Rühle, Günter: Faust oder der leichte Traum. Der Regisseur C. Peymann, der Bühnenbildner A. Freyer und der Dramaturg H. Beil haben in Stuttgart die beiden Teile von Goethes ‚Faust' als Inbegriff des Theaters erfaßt. In: Theater heute 18 (1977), Nr. 4, S. 18–25.

(22) Zezschwitz, Eberhard von: Die Bühnengeschichte von Goethes ‚Faust'. Von Gründgens bis Peymann und Heyme. Vortrag vor der Goethe-Gesellschaft Stuttgart 1977 (masch.).

(23) Mahal, Günter: Die neuen Kleider der Kritik. 2 × ‚Faust' im Musterländle. In: Faust-Blätter, Heft 34 (1978), S. 1379–1382.

①

②

③

④

⑤

⑥

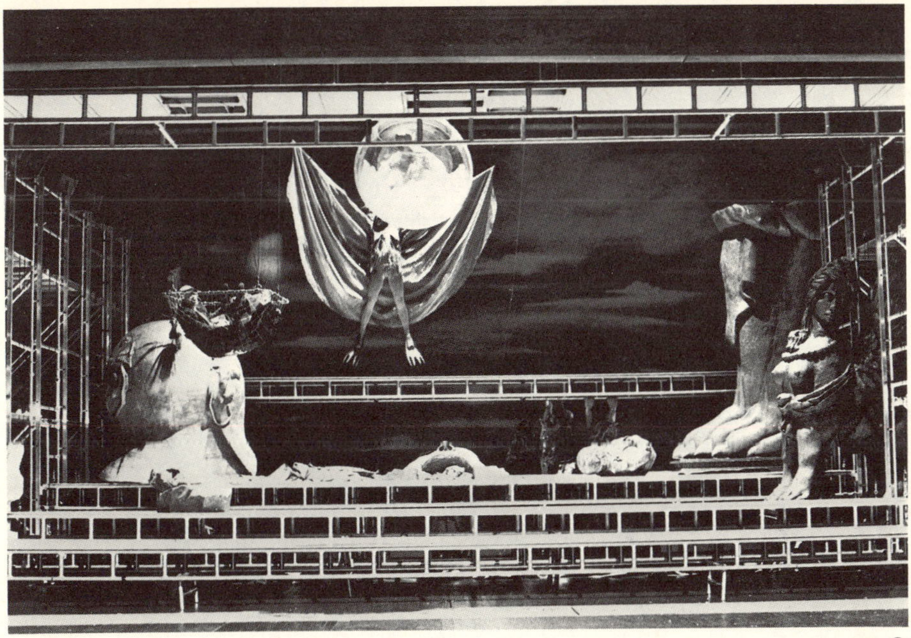

⑦

⑧

⑨

⑩

Abb. 1: P. A. Krumm als Faust und Gerd Schäfer als Mephisto in der ‚Urfaust'-Inszenierung von Bert Brecht und Egon Monk (1953).
Foto: Hans-Jürgen Syberberg

Abb. 2: In Brechts ‚Urfaust'-Einstudierung mit dem Berliner Ensemble mimte Angelika Hurwicz die Rolle Marthe Schwerdtleins; außerdem ist Gerd Schäfer als Mephisto zu sehen.
Foto: Hans-Jürgen Syberberg

Abb. 3: Spielpodium der legendären Hamburger Aufführung in der Inszenierung von Gustaf Gründgens, der in diesem „engen Bretterhaus" 1957 ‚Faust I' spielen ließ. Deutlich wurde das Theater als Theater dargestellt.
Foto: © Rosemarie Clausen, Hamburg

Abb. 4: Szenenfoto aus der Inszenierung des ‚Faust II' von Ernst Schröder am Schillertheater in Berlin (1966). Faust (Wilhelm Borchert) und Mephisto (Ernst Schröder) haben soeben den Hof mit der Erfindung des Papiergeldes beglückt. Ihre gleiche Kleidung soll die unselige Komplizenschaft zwischen den beiden symbolisieren.
Foto: Ilse Buhs

Abb. 5: Szenenfoto zu Klaus Michael Grübers ‚Faust salpêtrière' (Paris 1975). Im Zentralschiff der Kirche wurde ‚Faust I', in den Seitenschiffen ‚Faust II' gespielt. Im Programmheft forderte der Dramaturg Pautrat die mitwandernden Zuschauer auf: „Ein Faust ist in diesem Raum versteckt. Finden Sie ihn!" Alle Gestalten waren ja im wesentlichen gekennzeichnet durch Hut, Mantel und Koffer.
Foto: George Amann, Paris

Abb. 6: „Mummenschanz"-Szene aus dem ersten Akt von ‚Faust II', gespielt im Foyer des Kleinen Hauses der Württembergischen Staatstheater Stuttgart in der Inszenierung von Claus Peymann (1977). Wie bei Grüber, so wanderten die Zuschauer in ‚Faust II' mit den Schauspielern von der Hauptbühne ins Foyer, um das Treiben des 1. und 4. Aktes hautnah mitzuerleben. – Auf dem Foto sind, inmitten der Zuschauer, drei Spielorte zu sehen: Rechts steht der Herold, der mit seinem Stab den Maskenzug zu deuten hat; von links wandert ein Elefant mit den Allegorien Furcht, Hoffnung und Klugheit durch die Menge; im Hintergrund beobachtet die lüsterne feudale Hofgesellschaft das bunte Treiben.
Foto: © Abisag Tüllmann, Frankfurt/M.

Abb. 7: Hansgünther Heymes ‚Faust II'-Inszenierung bestach auch durch eine komplizierte Bühnenregie und -technik. Mehrere Spielebenen, in verschiedenen Höhen auffahrbar, gestatteten rasche Szenenwechsel. Auf unserem Bild von der Kölner Inszenierung (1978) schwebt Homunkulus über dem Geschehen, das sich auf verschiedenen Stufen abspielt: Es zeigt einen Ausschnitt aus der „Klassischen Walpurgisnacht" (2. Akt von ‚Faust II').
Foto: Stefan Odry, Köln

Abb. 8: Diese Bühnenkonzeption Heymes und seines Bühnenbildners Bert Kistner führte auch zu Modifikationen von Regieanweisungen des Dichters: so ist vom Turm des Lynkeus nur Angedeutetes sichtbar. Während der Türmer Lynkeus (Bernt Hahn) über das Meer blickt, landet Mephisto (Hans Schulze) mit seinen Schiffen an Fausts (Bernd Kuschmann) Meeresstrand.
Foto: Stefan Odry, Köln

Abb. 9: Im Gegensatz zur offenen Konzeption von Gründgens kerkerten Hans Hollmann und Boy Gobert die gesamte Handlung des ersten und zweiten Teils gewissermaßen ein – was von der Kritik negativ gewertet wurde. Auf dem Foto von der Inszenierung am Deutschen Schauspielhaus Hamburg (1980) sehen wir in der „Walpurgisnacht" Faust (Traugott Buhre) und Mephisto (Boy Gobert) mit der Hexe Lilith (Maria Hartmann) und der alten Hexe (Ruth Kähler) tanzen.
Foto: Gisela Scheidler, Hamburg

Abb. 10: Dieses Szenenfoto aus Grübers ‚Faust I'-Inszenierung zum 150. Todestag Goethes (Freie Volksbühne Berlin 1982) ist typisch für die Konzeption: Faust ist ins Zentrum gerückt, ihm nur untergeordnet zugeordnet sein „Widerpart" Mephistopheles. Faust wird von Bernhard Minetti, Mephisto von Peter Fitz gespielt.
Foto: © Ruth Walz, Berlin

Dr. Bernd Mahl, Weißdornweg 14/195, 7400 Tübingen 1

Klaus R. Scherpe

Schillers ‚Räuber' — theatralisch*

Die Theatralisierungen der ‚Räuber' von der Mannheimer Uraufführung bis zur DDR-Inszenierung von Karge und Langhoff zeigen, daß es bei der Aneignung der Klassiker nicht nur auf den verbalen Sinngehalt ankommt. Der rebellische Gefühlsgehalt in Schillers Stück (Gestik, Mimik, Sprache des Unbewußten) widerspricht seiner moralisch-politischen Ordnung. Die Rezeptionsgeschichte auf der Bühne setzt sich aus historisch gegenläufigen Tendenzen zusammen: Neutralisierung des anarchischen Elements im bürgerlichen Theaterbetrieb, Forcierung der rebellischen Theatralik zugunsten einer „proletarischen Erbschaft" (Mehring, Piscator).

I. Theatralisierung contra verbalen Sinngehalt

Die Gefühle sind überholt, was bleibt, ist die Idee. Wer weint dem jungen Werther, dem „schwärmerischen Tränensack", wie Friedrich Engels ihn genannt hat, eine politische Träne nach? Allein das utopische Programm der Emanzipation wird als progressives Erbe begrüßt. Die sinnliche Anarchie in Schillers ‚Räubern' – Karl Moors wilde Phantasien und Träume oder die Gewalttätigkeit seines Spiegelberg – sind dagegen keine zuverlässige Erbschaft. Eine allein aus dem *verbalen Sinngehalt* des Textes schöpfende Aneignung des Klassikers sieht leicht darüber hinweg. Ihr historischer Kommentar erklärt für „unreif", was sich nicht fügen will in die übergreifende ideologische Verbalisierung der Leitbilder.[1] Genesis und Geltung stehen dann gegeneinander. Als „wirklich" in der Zukunftsperspektive der Menschheit soll gelten, was nicht zu verwirklichen war: Humanität *und* Revolution.

„Der Überschwang beim Schiller ist nicht schlecht", notiert Brecht in der ‚Dialektik auf dem Theater'. Er meint damit kein Hohes Lied auf die „überschwengliche Misere". Ihn interessiert der „andere Gefühlskomplex" Schillers, der, obwohl historisch obsolet, doch zu begreifen ist in seiner Wirksamkeit bis in die Gegenwart. Die „Gefühlskomplexe" jener Zeit waren maßgeblich beteiligt an der Sinnproduktion der Werke, die später „klassisch" wurden. Für Brechts Parole „Sei ergreifend!" war Schiller vorbildlich. Sollen die Klassiker wirksam werden auf dem Theater, so muß die sinnliche Anteilnahme des Zuschauers ins Spiel gebracht werden.[2] Schillers

---

* Dieser Aufsatz steht im Zusammenhang mit meiner Interpretation der ‚Räuber' in: Walter Hinderer (Hrsg.): Schillers Dramen. Neue Interpretationen. Stuttgart 1979, S. 9–36.

(1) Die hier kritisierte Erbeauffassung findet sich exemplarisch z. B. bei Peter Müller: Zeitkritik und Utopie in Goethes ‚Werther' (Berlin 1969) und bei Hans-Günther Thalheim: Volk und Held in den Dramen Schillers (In: Thalheim: Zur Literatur der Goethezeit. Berlin 1969, S. 85–117).

(2) Diese Überlegungen Brechts finden sich im Abschnitt „Einige Irrtümer über die Spielweise des Berliner Ensembles" der „Dialektik auf dem Theater". In: Bertolt Brecht. Gesammelte Werke, Bd. 16, Frankfurt/M. 1967, S. 901 ff.

Überschwang, so könnte Brecht meinen, provoziert die Gefühle, auch wenn sie beim heutigen Theaterzuschauer woanders herkommen und woanders festgelegt sind. Hier muß das Theater seine Arbeit ansetzen: bei der kollektiven Organisation der Gefühle, ohne die ein Nutzen aus dem Ideengehalt der Werke nicht absehbar ist. Uninteressant ist auch, so meint Matthias Langhoff, der die ‚Räuber' 1970 an der Ost-Berliner Volksbühne inszenierte, die negative Rezeption: die Feststellung, daß Karls Selbsthelfertum zu nichts führte. Emotional unbeteiligt läßt den Zuschauer ein historisches Wissen, wie und warum der Räuber Moor noch kein Revolutionär sein konnte. „Viel interessanter ist die Frage, was trotzdem an Potenzen, an Kraft, an Wunsch und Sehnsucht, sich zu verwirklichen, in diesem Burschen vorhanden ist."[3]

Für die Theaterarbeit nicht eben ergiebig ist der wissenschaftliche Kommentar zum Erbe, der die vergangenen Werke auf ihr *verbales Sinnpotential* verkürzt und dieses mit ihrem weltanschaulichen Gehalt gleichsetzt. Die 'Ideologie' jener Werke ist damit noch keineswegs erfaßt. Die Theaterarbeit verweist auf Bedeutungsschichten des Klassikertextes, die der auf den verbalisierten Ideengehalt der Texte fixierten Erbephilologie oft entgangen sind. Das in der philologischen Interpretation rekonstruierte Wissen, *wie* und *was* in dramatischen Texten gesprochen wird, ist noch ohne Wissen davon, was beim Sprechen *geschieht.* Die Texte enthalten Signale für Verhaltensweisen, Rituale und Mentalitäten, die einen eigenen, historisch und sozial bestimmbaren Strukturzusammenhang bilden können. Nicht selten steht dieser, wie zum Beispiel in Schillers ‚Räubern', durchaus im Widerspruch zur 'Botschaft' des Textes. Schichten vergangener Wirklichkeit sind abhebbar nicht nur im Abbildverhältnis der Literatur zur Wirklichkeit, sondern auch im widersprüchlichen Verhältnis verschiedener Bedeutungsebenen innerhalb der Sinnproduktion eines Textes. Die durch die Konventionen eines Genres oder durch die 'Gesellschaftsfähigkeit' des dramatischen Diskurses eingeprägte 'Verständlichkeit' kann im Spannungsverhältnis stehen zur unbotmäßigen Sprache von Lebenserfahrungen und unterdrückten Phantasien, die im Text zum 'Ereignis' werden. Schillers ‚Räuber' sind hierfür ein eindrucksvolles Beispiel. Eingebunden in die Konventionen bürgerlicher Sprachrationalität und antihöfischer Moralität, gelingt Schiller ein 'Originalwerk', das seine historische Authentizität und seine andauernde Faszination gerade aus dem Inkommensurablen seines ideologischen Programms bezieht. Hier – und nicht nur bei der historisch begreiflichen moralischen Überkonstruktion von Tugend und Laster, die sich am Ende göttlicher und irdischer Gerechtigkeit fügt – wäre anzuknüpfen an einen aufklärerischen Gestus im weiteren Sinne: die Ermutigung, nicht übereinzustimmen, Identität zu suchen jenseits der gesicherten Bedeutungen, soziales Verhalten auf die Probe zu stellen im Widerspruch. Es ist zu vermuten, daß die ‚Räuber' so oft zur theatralischen Realisierung reizten, weil sie von Anfang an für unaufführbar galten. Ihre Aufführbarkeit war, wie die Theatergeschichte zeigt, kein technisches Problem, sondern eines der sozialen und psychologischen Verarbeitung: der gesellschaftliche Bedarf an Räuberphantasien als Impetus der theatralischen Aktion.

---

(3) Gespräch mit Matthias Langhoff über ‚Othello' und ‚Die Räuber' in der Volksbühne. In: Material zum Theater 36, 1973: Zur Erbeaneignung im Schauspiel, S. 47.

II. Der historische Dissens: vernünftiges Handeln – anarchische Phantasien

„Ich weiß nicht, wie ich es erklären soll“, so schreibt Schiller in seiner Selbstrezension der ‚Räuber‘, „daß wir um so wärmer sympathisieren, je weniger wir Gehilfen darin haben; daß wir dem, den die Welt ausstößt, unsere Tränen in die Wüste nachtragen; daß wir lieber mit Crusoe auf der menschenverlassenen Insel uns einnisten, als im drängenden Gewühle der Welt mitschwimmen. Dies wenigstens ist es, was uns im vorliegenden Stück an die so äußerst unmoralischen Jaunerhorden festbindet. Eben dieser eigentümliche Korpus, das sie der bürgerlichen Gesellschaft gegenüber formieren, seine Beschränkungen, seine Gebrechen, seine Gefahren, alles lockt uns näher zu ihnen ...“[4] Das Räuberfaszinosum ist die poetische Lizenz des Stükkes, auch wenn die Handlung im Böhmerwald als moralische Irrfahrt angelegt ist. Dem Autor und seinen Gesinnungsgenossen, die sich alltäglich zur „Subordination“ bequemen mußten, steht die Räuberhandlung für Abenteuer, Heldenmut und Rebellion, wenn auch das Räubertum nur weniges davon in der historischen Wirklichkeit hatte. Das Sozialbanditentum gehört zur erinnerten Geschichte, zur volkstümlichen Überlieferung, an die Schiller eher anknüpft als an historische Fakten über die Räuberbanden. Historische Bedeutung im Werk gewinnt diese Welt der „Jaunerhorden“ in der Form der unterdrückten Phantasien ihres in der Subordination geprüften und dagegen rebellierenden Dichters. Die in den deutschen Verhältnissen friedliche Verbürgerlichung des Dramas – die im Wettstreit der Tugendhaftigkeit erstrittene Versicherung des Menschlich-Privaten gegen die Sphäre des Hofes – erscheint in Schillers Räuberszenen in Frage gestellt: physische Gewalttätigkeit, Triebhaftigkeit, die drohende Vergewaltigung der Obrigkeit ergreifen die Szene. Allerdings unter der Bedingung der moralischen Läuterung des Helden. Am Ende siegt die Sprache des Gewissens, die auch eine politische Sprache ist: „Gehet hin“, so spricht Karl Moor zu den Räubern, „und opfert Eure Gaben dem Staate. Dienet einem Könige, der für die Rechte der Menschheit streitet.“[5] Auf dieser Ebene der sittlich-schönen Worte feiert am Ende der aufgeklärte Absolutismus einen Triumph, den er sich im Verlauf der Handlung keineswegs verdient hat. So wird das Stück letztlich um seine Tragödienwirkung gebracht. Karl vollendet eine moralische und eine politische Handlung, nachdem der Anspruch, sich selbst darin zu verwirklichen, hinfällig ist. Zurück bleiben die Bedeutungen, die in der Handlung sinnlich-konkret wirksam waren: Karls aus dem Autoritätskonflikt geborenen melancholischen Träume von der „goldenen Herrschaft“ und seine Freiheitsphantasien. Zwischen beiden Mentalitäten entfaltet sich virulent eine Dialektik, nicht nur als Gedankenspiel, sondern als sozialer Gestus der literarischen Figur des Selbsthelfers, des in der *Isolation* produktiven bürgerlichen Individuums. Aus der Nichtübereinstimmung seiner Subjektivität mit dem substantiellen Zweck der Emanzipation der bürgerlichen Klasse als historischem Subjekt resultiert die rastlose Dynamik des

---

(4) Schillers Selbstrezension im ‚Wirtembergischen Repertorium‘. Nationalausgabe, Bd. 22, S. 118 f.
(5) Trauerspielfassung der ‚Räuber‘, Nationalausgabe, Bd. 3, S. 235.

Karl Moor zwischen kontemplativer Melancholie und kraftvollem Auftritt gegen die herrschende Ordnung.

Karl Moors sinnliche Anarchie kommt anders zum Ausdruck als seine verständige Rede über den sittlichen Bau der Welt, den zu stützen und nicht zu stürzen er sich am Ende bereitfinden muß. Der kontemplative Gestus des Melancholikers ist aufgehoben in regressiven und progressiven Phantasien. Karl träumt sich zurück in die Kindheit und auf den Grund der Gesellschaft: „Daß ich wiederkehren dürfte in meiner Mutter Leib! daß ich ein Bettler gebohren werden dürfte! – Nein! ich wollte nicht mehr o Himmel – daß ich werden dürfte wie dieser Taglöhner einer! O ich wollte mich abmüden, daß mir das Blut von den Schläfen rollte.“[6] In der Traumsprache regrediert Karl Moor auf das Körperliche seiner Existenz. Er würde sich blutig schinden, um sich ganz zu verwirklichen. Diese abgründige Emanzipation des ‘ganzen Menschen’, ‘unverständig’ in der bewußten dramatischen Aktion, wird zusammengeschlossen mit der Zukunftsvision einer fruchtbar-öden Todeslandschaft: „ich würde dann die schweigende Oede mit meinen Phantasien bevölkern, und hätte die Ewigkeit zur Muße, das verworrene Bild des allgemeinen Elends zu zergliedern.“[7] Die Utopie öffnet sich nicht dem zergliedernden Verstand. Die subjektiven Phantasien bleiben eingeschlossen in der notwendigen Verständigung über die Schuldhaftigkeit der Moorschen Exzesse vor den Normen der Gesellschaft. Deren Eindeutigkeit begrenzt auch die Ausdrucksmöglichkeiten der Freiheitsgelüste, die sich steigern bis zur physischen Gewalt. Die Abnormität der Räubergewalt wird rhetorisch kenntlich gemacht als „Extremität“ und von dorther moralisch lizensiert. Freiheit in der Konsequenz physischer Gewaltanwendung widerspricht dem ideologischen Programm der Läuterung des Helden. Für sie findet Schiller in einer bemerkenswerten Szene eine andere Ausdrucksmöglichkeit, die sich freimacht vom Zwang der verbalen Rationalisierung. Während Karl, stumm in sich versunken, den schrecklichen Brief des Bruders liest, der ihm die familiäre und herrschaftliche Bindung aufkündigt, vollführt Spiegelberg, der heillose und lustvolle Verbrecher, die „Pantomimen eines Projektemachers“, aus denen er wild herausspringt mit dem Ruf „La Bourse ou la vie“[8]. Spiegelberg spiegelt die Gewaltphantasien des „edlen“ Karl. Er nimmt sie auf sich, noch ehe sie zum Ausbruch kommen. So macht der Schurke, der sich als solcher bekennt, den Weg frei für die moralische Läuterung des Helden. Die wortreiche Moralisierung unterdrückt letztlich auch in diesem bürgerlichen Drama die rebellischen Phantasien. Sinnlichkeit und Gewalt bleiben, wie schon in Lessings ‚Emilia Galotti‘, gebannt in den Diskurs bürgerlicher Moralität, der allenfalls die Verständigung über die Schuldhaftigkeit der wilden Leidenschaften und der gewaltsamen Handlung zuläßt.

Dem Autor Schiller jedoch bleiben die Zweifel über diese Art der ‘Verständigkeit’, in der sein Räuberstück letztlich seine Ordnung findet. Die emphatische und feierliche Schaubühnenrede in der Mannheimer Kurfürstlichen Gesellschaft propagiert die Schaubühne als eine „Schule der praktischen Weisheit, als einen Wegweiser

(6) Nationalausgabe, Bd. 3, S. 80.
(7) S. Anm. 6, S. 110.
(8) S. Anm. 6, S. 25.

durch das bürgerliche Leben"[9]. Gegen diese Rede des aufklärerischen Verstandes steht die Erfahrungswirklichkeit des Redners. Gegen das ideelle Emanzipationsprogramm seiner Rede äußert sich Schiller rebellisch bis zum Zynismus: Die theatralische Demonstration der Verfehlungen des Räubers Moor würde die Reisewege nicht sicherer machen. Die Tugendschule der ‚Emilia Galotti' auf dem Theater hätte wenig gemein mit der Wirklichkeit. Hinter den Kulissen erlitte die Darstellerin der Emilia womöglich lustvoll das, was sie soeben auf der Bühne zu höherem Zweck wortreich bestreiten mußte. Und: „welcher Fürst gibt dem Vater seine geschändete Tochter wieder? – Glücklich genug, wenn euer Spiel sein getroffenes Herz unter dem Ordensband zwei- oder dreimal stärker schüttelt. – Bald schwämmt ein lärmendes Allegro die leichte Rührung hinweg."[10] Bitter gemacht durch die Mannheimer Erfahrungen mit dem Theater, sieht Schiller im „Schauspiel weniger Schule als Zeitvertreib". Das müßiggängerische Publikum freut sich am „Schaume der Weisheit" und dem „Papiergeld der Empfindung", was im Theater zu haben ist: „. . . so lang' es mehr für die Toilette und die Schenke arbeitet: so lange mögen immer unsere Theaterschriftsteller der patriotischen Eitelkeit entsagen, Lehrer des Volkes zu sein. Bevor das Publikum für seine Bühne gebildet ist, dürfte wohl schwerlich die Bühne ihr Publikum bilden."[11]

III. Die Mannheimer Uraufführung der ‚Räuber': rebellischer Gefühlskomplex contra Theaterinstitution

Schiller machte sich keine Illusionen über sein Theaterpublikum und über die Theaterinstitution, die es nach seinem Geschmack bediente. Auch hatte er keine Hoffnung, unter den Pfälzer Theatergängern im Parkett Republikaner anzutreffen.[12] Wenn er sein Publikum so vehement als „Pöbel" beschimpft, so folgt er dennoch einer Illusion: der nämlich, daß der Unterhaltungswert einer Theateraufführung aufgehen müßte im „Unterricht" der patriotischen und anderer bürgerlicher „Weisheiten". In der Praxis war es, wie die Mannheimer Uraufführung der ‚Räuber' zeigt, eher umgekehrt. Die alltägliche Arbeit der Theaterinstitution holte die hehre Botschaft des Stückes unbarmherzig ein. Schillers Böhmerwald war in Mannheim der schon oft gebrauchte Bühnenwald. Das Publikum nahm an Schillers Stück das wahr, was es wahrnehmen wollte und konnte: die abgeschlossene Privatheit des Rührstücks und den fremdartigen Reiz des Ritterstücks, mit dem die Regie das Räuberische ausstaffiert hatte. Die grandiose Unnatur dieser Art der Theatralisierung war dem Publikum dennoch das wahrhaft Natürliche seines Kunstgenusses. *Darüber* geriet es, wie einige Zeitgenossen berichten, in Ekstase, nicht etwa über die offene oder verdeckte emanzipatorische Aussage.

Wenn heute über die Möglichkeit und Nützlichkeit einer Erbschaft an Schillers Drama gestritten wird und dabei die historische Rekonstruktion von Gewicht ist ge-

---

(9) Die Schaubühne als moralische Anstalt, Säkular-Ausgabe, Bd. 11, S. 94.
(10) Über das gegenwärtige deutsche Theater, Säkular-Ausgabe, Bd. 11, S. 82 ff.
(11) S. Anm. 10, S. 83.
(12) Vgl. Schillers Brief an Reinwald, Nationalausgabe, Bd. 23, S. 137.

genüber einer vorschnellen Aktualisierung, so ist der historische Befund der Theatralisierung der ‚Räuber' ein Argument zur Sache. Ein Blick in die Theatergeschichte der ‚Räuber' – von Dalbergs Mannheimer Rührstück-Inszenierung über Reinhardts impressionistisch stilisierte Räuberaktion und Piscators Agitpropversion bis hin zum antiautoritären Jugendstück von Karge und Langhoff für das Theaterpublikum der DDR – könnte die Wahrnehmung schärfen für den historischen Prozeß der spezifisch theatralischen Ideologisierung, vielleicht auch der literarischen. Für die Theaterpraxis gilt sicher, daß der Prozeß der Ideologisierung sich jeweils aktuell herstellt im Verhältnis von Bühne und Publikum. Konventionelle Einheiten von Verhaltensweisen, emotionalen Ausdrucksmöglichkeiten und manifesten Vorurteilen geraten in Auseinandersetzung mit der subjektiv wirksamen Ansprache von der Bühne. Im derart arrangierten Theaterereignis kommt es zu einer bestimmten und historisch bestimmbaren Organisation des Vorrats an Wissen, Gefühlen und Erfahrungen, die in dieser Komplexität erst Aufschluß gibt über die ideologische Wirksamkeit der theatralischen Aktion. Besondere Bedeutung kommt dabei der nichtverbalen Kommunikation zu, die in der Regel in einem Theaterstück mit angelegt ist, die in jedem Fall aber die Sinn-Reproduktion des Textes auf der Bühne entscheidend beeinflußt. Die ‚Räuber'-Aufführungen, zu denen im folgenden einige Indizien benannt werden, lassen deutlich erkennen, daß insbesondere die nicht eindeutig verbalisierten und standardisierten Bedeutungskomplexe, vor allem also der „Gefühlskomplex" der Räubereien und der des Autoritätskonflikts in der Regie historisch aktualisiert wurden.
Dalbergs zeitgenössische Inszenierung reagierte auf den rebellischen Gestus des Schillerschen Jugendstücks, indem sie ihn kräftig eindämmte. Zu berücksichtigen ist, daß die Stückvorlage der Theatralisierung als rührseligem Familienstück und romantisierendem Räuberdrama durchaus entgegenkam. Schiller, Dalberg und der Leidensvirtuose Iffland, der den Franz gab, schöpften aus dem gleichen Fundus der bürgerlichen Dramaturgie. Eben diesen Fundus aber nutzte die Regie, um *die* Elemente in Schillers Stück, die nicht mit ihm übereinstimmten, einzugemeinden im Wahrnehmungs- und Erwartungshorizont des Publikums. Dalberg ließ das Stück im Ritterkostüm zur Zeit des Maximilianischen Landfriedens spielen. Dadurch wurden die Taten der Räuber als Störung einer friedlichen Ordnung noch stärker ins Unrecht gesetzt. In den Diskussionen mit dem Autor und den Schauspielern verteidigte Dalberg das historische Kostüm mit dem Hinweis auf die „Unwahrscheinlichkeit" von Räuberbanden im eigenen aufgeklärten Jahrhundert.[13] Seine Berufung auf die ästhetische Kategorie der „Wahrscheinlichkeit" verrät unmittelbar das politische Argument. Vom Räuberdasein blieb nach der Wirkungskonzeption dieser Regie nur der Schauder vor dem Verwerflichen und der gerechte Zorn gegen die Rechtsbrecher. Die markanten Stellen und Ausdrücke, die extrem vom Kodex angemessener Bühnensprache abwichen, wurden getilgt oder abgeschwächt.[14] Dennoch – und darin liegt die allein vom Wortlaut her nicht zu fassende Übereinstimmung der Stückvorlage und der Theatralisierung – ließ Dalberg ein aufrührendes Stück spielen. Die

(13) Die Protokolle des Mannheimer Nationaltheaters unter Dalberg aus den Jahren 1781–1789. Hrsg. von Max Marterstein. Mannheim 1890, S. 46.

sinnliche Präsenz der in Schillers Sprache geborgenen Mimik und die der Gebärden wurde hochstilisiert, weit über das vom Autor reichlich vorgeschriebene Augenrollen, Haareraufen, Zittern und Aufstampfen hinaus. Der 'Aufruhr' allerdings wurde reduziert auf die aufwendigen Gefühle und diese wiederum zentriert auf die herzerweichenden Familienszenen zwischen Franz, dem alten Moor, Amalia und ihrem Karl. Die Zeitgenossen berichten, daß erst am Schluß die Aufführung zu ihrer ergreifenden Wirkung kam. Die zuvor gezeigten Räuberszenen erschienen offenbar als romantisierendes Seitenspiel.

Wesentlichen Anteil an dieser Verschiebung der sinnlichen Eindruckskraft hatte die Darstellung des Franz Moor durch den alles überragenden Iffland. Iffland spielte Schillers aufrührerisches Stück fast im Alleingang – als Aufruhr des Gewissens. Dabei gelang es ihm, die überschwenglichen Aufwallungen der Gefühle in der sinnlichen Präsenz der Szene so zu ordnen, daß von der puren Körperlichkeit seiner Rolle her auch die Standesetiketten wieder sichtbar wurden. In der großen Szene seiner Gewissensangst erschien Franz nicht etwa, wie vorgeschrieben, im Schlafrock auf der Bühne, sondern angekleidet im schwarzen Wams. Der Darstellerin der Amalia wurde empfohlen, für die „Maulschelle", die sie dem zudringlichen Franz in der Gartenszene verabreicht, „lieber den Handschuh als die Hand zu gebrauchen, denn der Schlag der gellenden Hand ist gegen die Hoheit des Geschlechts"[15]. Das Spiel der Hände gab, so scheint es, der Szene die angemessenen Proportionen dessen, was sich ziemt. Wenn Franz die Hand des Dieners Daniel ergreift, so ist dies ein Zeichen der Verstörung seiner standesgemäßen herrschaftlichen Haltung, ein Indiz für die falsche Vertraulichkeit, mit der der Herr seinen Diener für sich gewinnen will. Der von Iffland eigenmächtig ausgespielte Höhepunkt des Gebärdenspiels des Franz fiel zusammen mit seinem endgültigen Zusammenbruch: „Die rechte Hand ist weiter vorgehalten als die linke,

Abb. 1: Iffland als Franz Moor
Foto: Städt. Reiss-Museum, Mannheim

(14) Dies ist nachweisbar in der Bühnenfassung von Schillers ‚Räubern': Schillers Räuber. Urtext des Mannheimer Souffliersbuches. Hrsg. von Herbert Stubenrauch und Günter Schulz. Mannheim 1959. Bei der Rekonstruktion der Mannheimer Uraufführung stützte ich mich u. a. auf den Aufsatz von Otto Schmidt: Die Uraufführung der ‚Räuber' – ein theatergeschichtliches Ereignis. In: Stubenrauch/Schulz, Souffliersbuch, S. 151–178, und auf Gertrud Rudloff-Hille: Schiller auf der deutschen Bühne seiner Zeit. Berlin und Weimar 1969.
(15) O. Schmidt (s. Anm. 14), S. 160.

die in einem spitzen Winkel mehr hinterwärts gebogen ist und gleichdem zum Sukkurs der rechten im Hinterhalt steht. Auf einmal berührt er ganz unwillkürlich mit der Linken sich selbst in der Seite. Dies gibt ihm plötzlich, wie durch einen elektrischen Schlag, die Vorstellung, als packe ihn eine zweite Schreckgestalt hinten im Rücken."[16] Die zeitgenössischen Berichterstatter waren fasziniert von dieser im Text nicht vorgesehenen Einlage des genialen Schauspielers. Das scheinbar abgesonderte und rein artistische Gebärdenspiel gab der ganzen Szene, wenn nicht gar der Mannheimer Theatralisierung der ‚Räuber' insgesamt, ihren Sinn. Nicht etwa die Räuberhorde, die die Türen einrennt und das Schloß anzündet, bringt dem Despoten die gerechte Strafe. Franz, der Herrscher, kommt zu Fall allein vor dem eigenen, hoheitlichen Gewissen. Vornehm und zurückhaltend legt er Hand an sich selbst, unterstützt durch die leidlich bekannte Gespenstervision aus der Requisitenkammer des Hoftheaters. – Am zweifellos extremen Beispiel der Franz-Darstellung Ifflands zeigt sich dennoch symptomatisch die theatralische Wirksamkeit der Mannheimer Aufführung, die Schillers Angebot an großen Gesten und aufrührenden Gefühlen annimmt und noch steigert allein zu dem Zweck, das aufrührerische Stück zu befrieden im Gefühlskomplex der Rührstückdramaturgie. Das Publikum zeigte sich enthusiasmiert und befriedigt. Mehr von diesem Stoff sollten die Rührstücke der Iffland und Kotzebue erst noch bringen.

IV. Die ‚Räuber' in Paris: ein theatralisches Fest der siegreichen Revolution

Eine revolutionäre Aneignung von Schillers ‚Räuber'-Stück wurde erst denkbar angesichts der historischen Realität der Revolution. Die deutschen Verhältnisse zwischen Stuttgart und Mannheim gaben das Revolutionäre nicht her. Die ‚Räuber' 'repräsentieren' daher nicht einfach den Emanzipationskampf gegen den Feudalabsolutismus, vielmehr zeigen sie in der dramatischen Aktion dessen Schwierigkeiten. Der Amoklauf des Stückes zwischen der lärmenden Freiheit in den böhmischen Wäldern und der Hofhaltung eines menschenfreundlichen Königs (in der Trauerspielfassung) erlaubt dennoch den Rückschluß auf die historische Triebkraft der bürgerlichen Emanzipation. Um einiges deutlicher allerdings dort, wo der „allgemeine Wille" sich bereits erklärt hatte. Am 10. März 1792, mitten im revolutionären Paris spielte Beaumarchais' Théâtre du Marais eine freizügige Adaption von Schillers ‚Räubern'. Das Stück hieß ‚Robert Chef de Brigands', verfaßt vom Citoyen Lamartelière.[17] Stück und Aufführung waren konventionalisiert im melodramatischen Stil des genre larmoyant. Dessen Dramaturgie wurde der veränderten Umwelt angepaßt. Der Schillerschen Vorlage wurden alle Bedenklichkeiten und Zweifel, welche die Räuberrebellion begleiten, genommen. ‚Die Räuber' wurden verdichtet zum reinen Aktionsstück. Zu sehen war allerdings nicht die revolutionäre Aktion,

(16) O. Schmidt (s. Anm. 14), S. 166.
(17) Robert Chef de Brigands, drame en 5 actes, en prose, imité de l'allemand, par le citoyen La Martelière. Paris 1793.

sondern die erfolgreiche bürgerliche Revolution, welche im Namen ihrer Ideale ein theatralisches Fest feiert. Auf der Bühne dröhnte das Pathos der neuen Ordnung mit Soldatenaufmärschen und Trompetenstößen. Für ungezügelte Räuberphantasien war im Theater der siegreichen Bourgeoisie schon hier kein Platz mehr. Lamartelières Räuber erwägen den Tyrannenmord, doch sind sie zugleich idealisiert als Meister des Rechts und der Tugend: „comme modèle d' énergie civique“[18]. Robert, der französische Karl Moor, glänzt als „le vertueux réformateur“. Der Kampf gilt den abgelebten Institutionen des Feudalregimes, mehr aber noch der Legitimation des neuen Rechts: Eine Tribunalszene wird eingefügt zum Lobpreis der neuen Ordnung und zur Verteidigung gegen die alte Unbotsmäßigkeit der Aristokraten und die neue der Sansculotten. Die tragische Konstellation wird aus Schillers Vorlage gänzlich herausgespielt. Robert-Karl erhält den Segen der neuen Obrigkeit. Die Räuberbande formiert sich zu einem Korps von Elitesoldaten des imperialen Frankreich. Der Räuberhauptmann entschädigt nicht nur einen Tagelöhner, sondern präsentiert eine ganze Liste finanzieller Aufwendungen für wohltätige Zwecke. Für den Dichter der ‚Räuber‘ und seine unseligen deutschen Verhältnisse bleibt ein revolutionärer Gruß, den ausgerechnet der Räuber Ratzmann, diplomatisch wie ein außenpolitischer Sprecher der Revolutionsregierung, aussprechen muß: „Ne bornons pas nos exploits à punir les oppresseurs de notre patrie, rendons nos bienfaits universels. Analysons les droits que la nature a départis à notre espèce, adressons ce manifeste à tous les peuples courbés sous le joug des tyrans, à tous les hommes encore capables de sentir la dignité de leur être. Réveillons nos compatriotes, qu'ils se réunissent à nous, et la Germanie deviendra un état libre, auprès duquel et Rome et Sparte n'auront été que des couvents de nonnes.“[19] (Acte IV, scène I). Die Rede von der Republik, bei Karl Moor nicht mehr und nicht weniger als ein enthusiastischer Ausdruck des Freiheitsgefühls, gewinnt ihre historische Sachlichkeit in der Realität des bürgerlichen Staatswesens. Die politische Sprache räumt dabei die poetischen Freiheitsträume aus. Das französische Revolutionsstück lebt vom Pathos der Macht, vom unzweideutigen Gefühl der Freiheit, das die bourgeois im Parkett zu überzeugten citoyens machen sollte. Diese Art der Theatralisierung mit ihrer Reduktion des dramatischen Konflikts auf das Melodram von politischer Festlichkeit und Ergriffenheit hat die Phase der Pariser terreur, in der der girondistisch gemäßigte ‚Räuber‘-Dichter Lamartelière vor Gericht gestellt wurde, nicht überstanden. Doch nicht dafür glaubte der französische Dramatiker nach dem 18. Brumaire Abbitte leisten zu müssen, sondern für den revolutionären Enthusiasmus, mit dem er die liberale Staatsidee angeblich versehen hatte.

---

(18) Vgl. Edmond Eggli: Schiller et le romantisme français. Tome 1. Paris 1927, S. 105. Ich folge im wesentlichen Egglis materialreichen Untersuchungen über „Schiller en France pendant la revolution“, ebd., S. 83–169.

(19) Wir sollten uns nicht damit begnügen, die unser Vaterland bedrängenden Feinde zu bestrafen, lassen wir sie teilhaben an unseren allgemeinen Wohltaten. Wir wollen die Rechte aufzeigen, welche die Natur uns hat zuteil werden lassen; laßt uns diesen Aufruf an alle unter dem Joch der Tyrannen gekrümmten Völker richten, an alle Menschen, welche noch in der Lage sind, die Würde ihres Daseins zu empfinden. Wachrütteln wollen wir diese unsere Landsleute, daß sie sich mit uns vereinigen und Deutschland wird ein freier Staat sein, gegen den Rom und Sparta nur Nonnenklöster waren.“

V. Rebellische Klassikerphantasien als proletarische Erbschaft?

Die bürgerlich-revolutionäre Erbschaft an Schillers Stück taugte offensichtlich schon zu seinen Lebzeiten nicht zur Revolutionierung der menschlichen Verhältnisse, jedenfalls nicht in einer dramatischen Form, welche die Widersprüche der neuen bürgerlichen Gesellschaft überspielte. An diese Widersprüchlichkeit erinnert erst wieder Franz Mehring, wenn er Schillers Räuberphantasien einen neuen Sinn gibt für die Revolution des Proletariats. Voraus liegen die Schiller-Verehrungen eines saturierten Bürgertums, das sich am Idealismus des Dichter-Heros schadlos hielt: „Mit klassischen Versen verlobte man sich, erzog man seine Kinder, kannegießerte und kegelte man. 'Das ist das Los der Schönen auf der Erde', rief der Vollbart und zwickte die Kellnerin."[20] Wenn Herbert Ihering im Gespräch mit Brecht aus dieser Misere des bürgerlichen Bildungstheaters Konsequenzen zieht für eine neue politische Deutung der Klassiker in den 20er Jahren, so verleugnet er doch nicht die „heroische Phantasie und heldische Leidenschaft" der Schillerschen Dramatik, die der Erinnerung wert sind und die auch im monströsen Bildungstheater der Bourgeoisie einen Restbestand des authentischen 'Gefühlskomplexes' sicherten. Die im Hof- und Staatstheater des 19. Jahrhunderts herrschende Schiller-Dramaturgie begünstigte allerdings die Jugendstücke nicht. So empörte sich Theodor Fontane anläßlich einer ‚Räuber'-Aufführung von Otto Devrient in der Spielzeit 1889/90 am Berliner Hoftheater über die Regie, die aus Jugendlichkeit und Unreife „Respekterheischendes" machen wollte: „Solche falsche Pietät ist Götzendienst."[21] Die Wirkung der Aufführung zielte nach den Beobachtungen Fontanes auf „imponierende Schönheit". In den dekorativen Schloß- und Parkszenen war die theatralische Übersteigerung der schauspielerischen Darbietung geborgen. Nicht mehr die affektive Höchstleistung in der Darstellung des Franz, wie in der Mannheimer Uraufführung, sondern die pathetische Übersteigerung des 'idealischen' Karl beherrschte die Szene.
Auch die marxistische Schillerdeutung, die Franz Mehring den bürgerlichen Sinnbildern entgegensetzte, verzichtet keineswegs auf den affektiven Fundus der klassischen Werke zugunsten des verbal ablesbaren und interpretierbaren ideologischen Programms. Was Mehring an Schiller-„Gesinnung" ins Proletariat tragen wollte, war durchsetzt vom Widerspruch einer proletarischen Erbschaft, die sich vornahm, Schillers Freiheitspathos zu feiern, obwohl sie die bürgerlichen Freiheitsideen doch wissenschaftlich-rational widerlegte. Daß eine revolutionäre Erbschaft Schillers nur die des Proletariats sein konnte, stand historisch außer Frage. Mehrings materialistische Ideologiekritik wertete Schillers kämpferische Werke von dorther als Produkt der Zwiespältigkeit der bürgerlichen Aufklärung: „immer danach ringend, das wirkliche Leben über das betrachtende zu erheben, wurden sie immer wieder dazu ge-

(20) Herbert Ihering: Reinhardt, Jessner, Piscator oder Klassikertod? In: Ihering: Der Kampf ums Theater und andere Streitschriften 1918–1933. Berlin 1974, S. 305 f.; Gespräch über Klassiker: B. Brecht. Gesammelte Werke, Bd. 15, S. 176–184.
(21) Theodor Fontane: Sämtliche Werke. Hrsg. von Walter Keitel. Bd. 2, Theaterkritiken, hrsg. von Siegmar Gerndt. München [3]1969, S. 834.

zwungen, das wirkliche dem betrachtenden Leben unterzuordnen."[22] Rosa Luxemburg verstärkt in ihrer Besprechung von Mehrings ‚Schiller. Ein Lebensbild für deutsche Arbeiter' noch den analytischen Anspruch. Schiller als Denkmal der bürgerlichen Kultur müsse für „die deutsche Arbeiterschaft heute ganz wissenschaftlich-objektiv" erschlossen werden.[23] Zu bekämpfen sei die „spießbürgerliche Auffassung", die in *jeder* Auflehnung eine „Revolution" sieht, ungeachtet ihres sozialen Gehalts. Neben diese Forderung der historisch bewußten Auseinandersetzung mit dem Erbe vom Standpunkt des Proletariats tritt jedoch bei Mehring und Luxemburg die Einsicht, daß Schillers Dramatik ganz unvermittelt wirke durch ihre „gewaltigen Konflikte" und „gigantischen Kräfte", insgesamt durch eine Emotionalisierung des Freiheitspathos, die, jenseits der ideologischen Differenz, den Bedürfnissen und Mentalitäten des kämpfenden Proletariats entgegenkomme.

Wenn Mehring das Kämpferische an Schiller bewundernd hervorhebt, so spricht er zugleich von seiner „mächtigen Sinnlichkeit" und der begeisternden „Kraftäußerung", die im gegenwärtigen Kampf der Arbeiter gegen Unterdrückung und Ausbeutung neue Bedeutung erlangen kann. Das historische *und* gegenwärtige Bedeutungszentrum der ‚Räuber' sieht er im Ausdruck eines „starken, freien, gegen die Konventionen ankämpfenden Gefühls". „Entsetzen und Entzücken" des Mannheimer Publikums sind ihm, obwohl die Uraufführung alles andere als 'fortschrittlich' war, Garanten des „unverwüstlichen Besitzes" des Stückes auf der deutschen Bühne. Unter Berufung auf Bakunin (!), der das Räubertum zu den „ehrenhaftesten Formen des russischen Volksleben" zählte, entdeckt Mehring in Schillers Werk die von der bürgerlichen Morallehre der Zeit nur mühsam gebändigte Volkstümlichkeit: die Kraft der „rebellischen Gemüter" gegen jede „vom Staat gegründete soziale und bürgerliche Ordnung"[24]. So gedacht, erscheint ihm Karl Moor als der „echte deutsche Revolutionär", der mit seinen rebellischen Phantasien schon über die Verhältnisse hinaus ist, die ihn gefangenhalten.

Das proletarische Publikum, so lassen sich die Überlegungen von Franz Mehring und Rosa Luxemburg zusammenfassen, hat einen „Instinkt" für die revolutionären Phantasien und von *dorther* einen historischen Sinn für die Tragik in Schillers ‚Räuber'-Stück: „Schiller war vor allem ein echter *Dramatiker* größten Stils, als solcher aber brauchte und suchte er gewaltige Konflikte, gigantische Kräfte, Massenwirkungen, und er fand seine Stoffe in den Kämpfen der Geschichte, nicht weil und insofern sie *revolutionär* waren, sondern weil sie den tragischen Konflikt in seiner höchsten Potenz und Wirkung verkörpern. Mehring hat dieses ganze Problem in zwei Sätzen gelöst, indem er sagt: 'Als *Dichter* brauchte er den historischen Stoff' und 'als *Dramatiker* war Schiller auch ein großer Historiker'."[25] Was Luxemburg hier als „Lösung" Mehrings benennt, ist noch stärker ihr eigenes Verdienst und von eminenter Bedeutung für eine marxistische Rezeption (entgegen der Auffassung,

---

(22) Franz Mehring: Schiller und die Gegenwart. In: Mehring: Aufsätze zur deutschen Literatur von Klopstock bis Weerth (Ges. Schriften Bd. 10). Berlin 1961, S. 285.
(23) Rosa Luxemburgs Rezension in: Die Neue Zeit 23 (1904/05), Bd. 2, S. 163–165.
(24) Franz Mehring: Die Räuber. In: Mehring: Aufsätze zur deutschen Literatur von Klopstock bis Weerth (s. Anm. 22), S. 243.
(25) Rosa Luxemburg (s. Anm. 23), S. 165.

daß im Sozialismus der bürgerliche Humanismus 'vollstreckt' würde). Nicht Schillers mit bürgerlichem Verstand geschriebenen historischen Schriften und seine persönlichen, schon bald diffamierenden Äußerungen zur Französischen Revolution, sondern die innere Dialektik seines dramatischen Kunstwerks und der darin bewegte historische Sinngehalt begründen eine produktive Erbschaft. Als *Dramatiker* ist Schiller der für das Proletariat bedeutende *Historiker,* da sich im Prozeß seiner dramatischen Dichtkunst, kraft der gewaltigen sinnlichen Steigerung der Konflikte ein revolutionäres Sinnpotential herausbildet, das seine Wirksamkeit, „Massenwirkung" gar, in einer neuen revolutionären Situation historisch entfalten kann. Über die reale Wirksamkeit dieser Erbe-Programmatik, die vom sozialen und ideologischen Prozeß der Formierung des Proletariats bis 1918 abhing, soll hier nicht weiter nachgedacht werden.[26] Bemerkenswert ist in jedem Fall, daß die führenden Theoretiker der Arbeiterbewegung das klassische Erbe durchaus nicht nur unter dem Aspekt der wissenschaftlich-kritischen Weltanschauung proklamierten, sondern, nach ihrer politischen Erfahrung, jene Bedeutungskomplexe im klassischen bürgerlichen Literaturkanon herauslasen, die über das historisch analysierbare verbale Sinnpotential hinaus den Bedürfnissen und Haltungen eines proletarischen Publikums entgegenkamen.

Mehring als Kritiker des zeitgenössischen bürgerlichen Theaterbetriebs reagierte besonders empfindlich und kämpferisch zugleich, wenn er die bourgeoise Strategie der Mobilisierung jenes „anderen Gefühlskomplexes" in den Schillerschen Werken beobachtete. Das herausragende Ereignis der Berliner Theatersaison von 1908 war Max Reinhardts Inszenierung der ‚Räuber' im Deutschen Theater. Die bürgerliche Kritik war voll des Lobes für die neuerliche Bewährung der Reinhardtschen Theaterkunst, die sich bei dieser Aufführung zum ersten Mal mit den bewährten Mitteln des impressionistischen Illusionstheaters auf die Regie von Massenszenen einließ und ihre ausdrucksvolle Stilisierung an einem klassischen Stoff erprobte, deren rebellischer Gehalt durchaus anerkannt wurde. Deutlich sichtbar wurden die „rebellisch-anarchistischen Räubermassen"[27]. Die Regie spielte im Bewegungsablauf, mit geräuschvollen Untermalungen und unterstützt durch ein eindrucksvolles Bühnenbild die Körperlichkeit der Räuber als „einer Masse" voll aus. Der vollends enthusiasmierte Siegfried Jacobsohn feierte die Aufführung als „Naturereignis". „Die Masse lebt in wunderbarer Glut"; Moissis Spiegelberg „schillert in tausend Lichtern und hat ein Tempo der Zunge und eine Beweglichkeit der Glieder, daß die Bühne zu tanzen scheint": „so rassig und kulturvoll wirkt diese farbenfröhliche Romanenkunst . . . um wieviel mehr die Aufreizung zum Räubertum."[28] „Die Illusionskraft des Spiels der Schauspieler", so summiert ein Reinhardt-Biograph, übermannte die

(26) Vgl. hierzu: Wolfgang Hagen: Die Schillerverehrung in der Sozialdemokratie. Zur ideologischen Formation proletarischer Kulturpolitik vor 1914. Stuttgart 1977 (Literaturwissenschaft und Sozialwissenschaft 9). Hagens Mehring-Kritik wäre bei Berücksichtigung des „Gefühlskomplexes" der Schillerschen Werke und unter dem Aspekt der Theatralisierung zu differenzieren.
(27) Vgl. Heinrich Bräulich: Max Reinhardt. Theater zwischen Traum und Wirklichkeit. Berlin 1966, S. 105.
(28) Siegfried Jacobsohn: Schiller: Die Räuber. In: Jacobsohn: Max Reinhardt. Berlin 1910, S. 77.

Zuschauer total; Schillers klassisches Theaterstück war romantische Wirklichkeit geworden.“[29] Bemerkenswert an dieser Aufführung war zweifellos, daß sie den Räuberkomplex nicht, wie das Bildungstheater seit der Mannheimer Uraufführung, herunterspielte, sondern besonders intensiv ausspielte als den „überschwenglich jauchzenden Ton der Jugend“. Die sinnliche Vergegenwärtigung des in Schillers Stück angelegten Räuber-Enthusiasmus wurde jedoch derart als *für sich* wirkungsvolle Eindruckskunst arrangiert, daß die Wahrnehmung für den Zusammenhang der Szenen gründlich verloren ging. Hier setzt Mehrings Kritik ein.[30] Deutlich beeindruckt von der physischen Präsenz der Szene, verurteilt er die romantisierende Wirkung der Aufführung. Die Spannung des Hörers und Zuschauers würde zerstreut im schönen Schein der Details. Eine Konzentration auf die zielgerichtete dramatische Wirkung des Stücks könne nicht aufkommen. So desavouiert Mehring nicht das Kulinarische der Inszenierung schlechthin, wohl aber das Schauspiel als Selbstzweck, dem dann, wie selbstverständlich, die harten Reden des Räuberhauptmanns gegen die Obrigkeit geopfert werden. Da der bürgerliche Theaterbetrieb, vermittelt durch Reinhardts sensiblen Theaterstil, in Schillers Stück keine historisch bedeutungsvollen Sinnbilder mehr auffinden konnte, wurde alle Ausdruckskraft darauf verwandt, seinen rebellischen Gehalt stimmungsvoll zu zergliedern.

VI. Revolutionäre Gefühle im Staatstheater: Erwin Piscators Experiment mit den ‚Räubern'

Die Aktualität von Reinhardts ‚Räuber'-Inszenierung lag zweifellos im inszenatorischen Widerspruch von romantischem Stimmungszauber und der Massenaktion auf der Bühne. Die bürgerliche Presse und ihr Feuilleton dröhnten zu dieser Zeit immer lauter von der Bedrohung aller individuell verbürgerten Werte durch die „Masse“, vom Druck der Straße und der „roten Gefahr“. Als in den Klassenkämpfen der 20er Jahre das politische Massentheater Erwin Piscators wirksam wurde, war Reinhardts Theaterstil überholt. Piscator als Gastregisseur einer ‚Räuber'-Aufführung im Berliner Staatlichen Schauspielhaus wurde im bürgerlich-konservativen Lager nicht mehr theaterkritisch bedacht, sondern politisch bekämpft: „Herr Piscator . . . gehört mehr in den Roten Frontkämpferbund zum Arrangieren von Umzügen, als ins Staatstheater zum Umbringen von Klassikern“, schrieb Paul Fechter in der ‚Deutschen Allgemeinen Zeitung' und forderte Rechenschaft vom Intendanten für die szenische Existenz dieser kommunistischen Propaganda.[31] Piscators ‚Räuber'-Inszenierung, die am 13. 9. 1926 Premiere hatte, wurde nach wenigen Aufführungen abgesetzt. Dennoch brachte sie den Durchbruch des politischen Theaters auf der etablierten Bühne und erzeugte vor allem im bürgerlich-demokratischen Spektrum der Kritik heftige Kontroversen über den Wert und die Aufführbarkeit der Klassiker.

---

(29) Bräulich (s. Anm. 27), S. 108.
(30) Mehring: Aufsätze zur deutschen Literatur von Klopstock bis Weerth (s. Anm. 22), S. 248–251.
(31) Paul Fechter, zit. nach Günther Rühle: Theater für die Republik 1917–1933. Im Spiegel der Kritik. Frankfurt/M. 1967, S. 727.

„Der geistige Visierpunkt ist und bleibt für mich das Proletariat und die soziale Revolution“, schrieb Piscator zu seiner Aufführung. Zur Entscheidungsinstanz über das klassische Erbe setzte er die „Bedürfnisfrage“ auch im Sinne des Schaffens von revolutionären Bedürfnissen durch das Theater. Piscator wollte Schillers ‚Räubern‘ gerecht werden, indem er sie aktualisierte: „Die Verlebendigung, das Näherrücken der klassischen Dichtung ist nur möglich, indem man sie in dieselbe Beziehung setzt zu unserer Generation, die ihre eigene Generation zu ihr gehabt hat.“[32]
Der entscheidende Bruch mit Schillers Dramaturgie, der in Piscators Theater einen radikalen Umbruch jenes notorischen „Gefühlskomplexes“ aus antiautoritärer Revolte und Räuberphantasien zur Folge hatte, ist evident und aktuell begründet in der „Bedürfnislage“ eines Publikums, das aus materieller Not, politischer Notwehr und affektivem Engagement zur Massenaktion getrieben wurde.[33] Piscator inszenierte in den ‚Räubern‘ nicht mehr das Pathos der individuellen Tatkraft und das des Zweifels, sondern die Leidenschaft eines kollektiven Handelns für die Revolution. Damit ging er noch hinaus über die Auffassung der ‘linken’ Diskutanten um das klassische Erbe wie Ihering und Brecht, welche die ‘Entprivatisierung’ der traditionellen Bühnenkonflikte zugunsten einer auf dem Theater wirksamen politischen Öffentlichkeit forderten. Piscator folgte radikal seiner eigenen Anweisung, in Schillers Schauspiel die „vorhandenen Erlebnis- oder Phantasielücken“ nicht „zu kaschieren“, sondern aufzudecken und aufzufüllen durch die revolutionären Erfahrungen der Gegenwart. Das Faszinosum des Räuberkomplexes mobilisierte die Regie assoziativ zur Oktoberrevolution. Musik und Szenarium waren deutlich inspiriert von Eisensteins ‚Potemkin‘-Film. Die Simultanbühne diente der Raffung und Konzentrierung des Geschehens auf den die Szene beherrschenden revolutionären Aktivismus. Im Interesse der kollektiven Aktion wurden Schillers kontemplative Szenen gestrichen. Der kollektiven Rauschwirkung, auf die Piscator die Gestik und Mimik der Schauspieler bewußt eingestellt hatte, wurde der einsame Idealismus des Karl Moor geopfert. Schillers Räuberhauptmann ließ Piscator nur einen Rest von Revolutionsromantik, während Spiegelberg in der Maske Trotzkijs zum Protagonisten des Revolutionsensembles avancierte. Der Preis für die auf der Bühne erzeugte revolutionäre Ekstase war ein Bruch in der Mitte der Aufführung. Die beiden letzten Aufzüge, in denen Schiller die moralische Konsolidierung der Räubereien vor der unüberwindlichen sittlichen Weltordnung betreibt, waren nach Piscators Konzept im Grunde nicht spielbar.[34] Dem Vorwurf der tendenziösen Hinrichtung des Klassiker-Stücks begegnete er mit dem Argument der historischen Notwendigkeit, die Klassiker aufzuführen, um sie mit den neuen sozialen Kräften zu verbinden. Die neuen Erlebnisse und Phantasien bedürften durchaus der Stärkung durch die in den

(32) Erwin Piscator: Das politische Theater. Faksimiledruck der Erstausgabe 1929. Berlin 1968, S. 87.
(33) Piscator betonte, daß er eigentlich nicht für das bourgeoise Publikum des Staatstheaters Regie geführt habe. Die bürgerlich-konservative Kritik wurde nicht müde, ihm die Deplaziertheit seiner Proleten-Euphorie im bürgerlichen Kulturbetrieb vorzuhalten, so z. B. auch Karl Kraus: Mein Vorurteil gegen Piscator. In: Die Fackel, Nr. 759–765, XXIX Jg., Mai 1927, S. 45–75.
(34) Vgl. die Kritiken von Herbert Ihering, Alfred Kerr und Paul Fechter in: Rühle, Theater für die Republik (s. Anm. 31), S. 721–727.

vergangenen Werken angelegten dramatischen Konflikte. Und zwar sollte eine sinnvolle Provokation der von Schiller und seinesgleichen eingebürgerten Sehweise dabei herauskommen. Die praktische Ideologisierung, die Piscator mit der kollektiven Umwälzung des in den ‚Räubern' angelegten „Gefühlskomplexes" vornahm, war allerdings der Klassenkampfrealität von 1926 so eng eingepaßt, daß eine Wiederholung dieses Regiekonzepts nicht denkbar war. Als Piscator 1957 zur 175. Wiederkehr des Uraufführungsdatums die ‚Räuber' am Mannheimer Nationaltheater neu inszenierte, standen wieder die „radikalen individuellen Forderungen Schillers" im Vordergrund der Szene. Den Hintergrund bildeten, wie Piscator, nunmehr demonstrativ zur Situation in der Bundesrepublik, anmerkte, „Restauration und Konformismus": „Wir leben in der Situation des 'Wartens auf Godot'!"[35]

VII. Unverminderter Bedarf an Räuberphantasien: Die Inszenierung von Karge und Langhoff in der DDR

Von den ‚Räuber'-Aufführungen der jüngeren Vergangenheit ist die von Manfred Karge und Matthias Langhoff in der DDR, die 1970 an der Berliner Volksbühne herauskam, besonders bemerkenswert, weil sie nicht konform ging mit der konventionalisierten Form eines marxistischen Erbe-Verständnisses und daher Anlaß bot für eine produktive Auseinandersetzung zwischen Künstlern, Wissenschaftlern und Publikum in der DDR. Auch die Regie von Karge und Langhoff folgt einem Wirkungskonzept der praktischen Ideologisierung, das sich nicht zufrieden gibt mit einer verbal-weltanschaulichen Verständigung über das Humanistische und Progressive an Schillers Drama. Entgegen einer Erbepflege, die den klassischen bürgerlichen Humanismus bei aller historisch bedingten Widersprüchlichkeit als in der Utopie mutigen Vorlauf der sozialistischen Gesellschaft begreift, betonen Karge und Langhoff gerade die ideologische „Unordnung" des Stücks als das historisch Bedeutsame, das in der Gegenwart nicht ignoriert werden sollte. Den Zusammenhang von Historizität und Aktualität sehen sie nicht nur verbürgt im ideologiekritischen Aufriß, sondern in der historischen Erinnerung an die schon in Mannheim erprobte Theatralisierung des ‚Räuber'-Schauspiels einerseits und der Einstellung der aktuellen Theatralisierung auf die realen Bedürfnisse ihres heutigen Publikums andererseits. In diesem Sinne meinte Matthias Langhoff im Gespräch über die Aufführung: „Uns interessierten die ‚Räuber' auch in der Hinsicht, daß wir hofften verschüttete theatralische Techniken wiederentdecken zu können. Uns interessierten die Fragen: wie gestaltet man ein literarisches Pamphlet, wie benutzen wir Pathos und Stilisierung, um die Haupttugend des Stücks – den Atem großer Leidenschaft – spürbar zu machen, wie können wir Erkenntnis durch gesteigerte Emotion bis hin zur Überhitztheit ohne Distanz vermitteln, wie kann man die sentimentalischen Schauer- und Rühreffekte – ohne die das Stück fad bleibt – als Formen eines plebejischen Realismus für unser Theater wiedergewinnen."[36] Ob gerade die genannten Theatereffekte

(35) Erwin Piscator: Aufsätze, Reden, Gespräche. Berlin 1968 (Schriften 2), S. 221 f.
(36) Dialog über ‚Die Räuber'. Notiert, ausgewählt und bearbeitet von Peter Ullrich. In: Theater der Zeit 27 (1972), H. 3, S. 5.

Abb. 2 und 3: ‚Die Räuber' in der Ostberliner Volksbühne, Abb. 2 Prolog, Abb. 3 Szene mit Karl Moor (Arno Wyzniewski) und dem alten Moor (Hans Tenscher)
Fotos: © Willi Saeger

des Schillerschen Schauspiels „plebejischen Realismus" erkennen lassen, wurde heftig diskutiert. Als bedeutsam erwies sich der Ansatz der Regie, zentrale Elemente der nicht-verbalen theatralischen Kommunikation historisch zu eruieren und einzubringen in die aktuelle Wirkungsstrategie. So angelegt und durchdacht war durchaus ein Zugang möglich zum bedeutsamen „anderen Gefühlskomplex" des Stückes – Räuberphantasien und antiautoritäre Revolte des Helden –, der seine historische Widersprüchlichkeit öffnet für eine keineswegs nur aufgesetzte Aktualisierung in der Gegenwart. Karge und Langhoff erkannten die komplexe Massierung verschiedener Bedeutungselemente in Schillers Drama im Spannungsfeld zwischen subjektivem Ausdruck historischer Realitätserfahrung und programmatischen Verallgemeinerungen bürgerlicher Ideologie. Um die Illusion, aber auch die produktive Sehnsucht nach individueller Selbstverwirklichung zur Geltung zu bringen, ließen sie die Freiheitstiraden des Karl Moor schulbuchmäßig über die Rampe kommen. So ist der Räuberhauptmann mit seiner Bande nicht der noch im Scheitern glorreiche Repräsentant der bürgerlichen Revolution, sondern ein Opfer der deutschen Misere, die seine genialen Anlagen nicht zur Entfaltung kommen läßt. Für die Gegenwart konnte dies bedeuten, daß die auf eine jugendliche Rebellion hin inszenierte Räuberbande Modell steht für ein neues zum Scheitern verurteiltes Selbsthelfertum, sei es in der Form der Apo-Bewegung in Westdeutschland oder der der antiautoritären Haltung von DDR-Jugendlichen. Diese überdeutliche Koinzidenz von historischem Gestus des Antiautoritären in Schillers ‚Räuber'-Stück und gegenwärtigen Verhaltens- und Denkweisen im Namen der im Stück angelegten „Leidenschaft" hat der Regie den Vorwurf der unhistorischen Aktualisierung eingetragen.[37] Die Regisseure bekümmerte offenbar weniger die Gratwanderung zwischen Werktreue und theatralischer Wirkung. Vielmehr interessierte sie die aus dem komplexen historischen Sinngehalt des Stückes herauszuspielende Aufforderung für ein bestimmtes gesellschaftliches Rollenverhalten in der Gegenwart. Die übertriebene Körperlichkeit der Räuberszenerie bis hin zur schmerzhaften Ausstellung von Brutalitat sollte aufmerksam machen auf die als schmerzhaft empfundene Diskrepanz zwischen einer sich selbst genügenden, reizlosen alltäglichen Lebenswelt und einer politisch-plakativen Öffentlichkeit. Ob *dieser* historische Sinn der Theatralisierung, der durchaus Verbindung hält zu Schillers in den ‚Räubern' exponierten schmerzhaften Erfahrungen zwischen „Subordination" und „Adlerflug", von den Rezipienten aufgenommen werden konnte, scheint nicht eben wahrscheinlich. Das jugendliche Publikum begeisterte sich an dem, was es kannte und fühlen konnte: dem antiautoritären Gestus der bühnenwirksamen Räubereien. Die wissenschaftlichen und kulturpolitischen Diskutanten des Erbes nahmen den Klassiker Schiller in Schutz gegen die auf Dissens ausgerichtete Aufführung und wahrten dabei den ideologischen Konsens über das, was wirklich sein soll in der gegenwärtigen gesellschaftlichen Realität.

Prof. Dr. Klaus R. Scherpe, Kastanienallee 18, 1000 Berlin 19

---

(37) Diesen Einwand erhob am entschiedensten Hans-Günther Thalheim (Dialog über ‚Die Räuber', ebd. S. 5–10). Vgl. auch die differenzierten Urteile des Gesprächs in der Akademie der Künste der DDR. In: Mitt. der Deutschen Akademie der Künste Berlin 10 (1972), Nr. 1, S. 2–11.

Dieter Borchmeyer

Um einen anderen Wilhelm Tell für die Schule bittend

Der andere ‚Wilhelm Tell', um den hier – in Opposition gegen seine übliche Verharmlosung affirmativer oder kritischer Art – gebeten wird, ist die dramatische Parabel von der Ablösung des auf historischem Recht basierenden Staats durch ein in den Prinzipien des Naturrechts der Aufklärung verankertes Gemeinwesen. ‚Wilhelm Tell' als Antwort auf die Französische Revolution: Bejahung ihrer naturrechtlichen Prämissen, Ablehnung ihres faktischen Verlaufs. Wie eine *gute* Revolution zu verlaufen hätte, stellt Schiller im Bild des schweizerischen Befreiungskampfes dar: das poetische Paradigma einer politischen Umwälzung, die er dem gegenwärtigen geschichtlichen Menschen nach den Erfahrungen der Französischen Revolution nicht mehr zutraut. Seine politischen Hoffnungen fängt das Programm der ästhetischen Erziehung auf, deren Ziele durch den eidgenössischen Befreiungskampf antizipiert sein sollen.

Tell-Mythos und Französische Revolution

„Wilhelm Tell, der du bist der Stifter unserer Freiheit; Dein Name werde geheiligt in der Schweiz; Dein Wille geschehe auch jetzt bei uns wie zur Zeit, da Du über Deine Tyrannen gesiegt hast. Gib uns heute Deinen Mut und Deine Tapferkeit, und verzeihe uns unsere vergangene Erschrockenheit, daß wir so mutlos zugesehen haben, wie man uns unserer Freiheit nach und nach beraubte, wie auch wir vergeben haben allen unseren Vögten und Vorstehern, welche allein die Schuld unserer verlorenen Freiheit gewesen sind; – und lasse uns in Zukunft nicht mehr unterdrückt werden, sondern erlöse uns auf immer von aller Art Sklaverei. Alsdann wird Dein bleiben der Ruhm und die Ehre und uns Schweizern allen die Freiheit und Gleichheit. Amen.[1]

So lautet das ‚Vaterunser eines echten und freien Schweizers', das 1798 von Anhängern der Französischen Revolution in der ganzen deutschen Schweiz in Umlauf gebracht worden ist. Wenig später kann der französische Geschäftsträger in Basel nach Paris melden: „Alles zur Explosion bereit." Im Frühjahr 1798 stürmt ein französisches Revolutionsheer über die Grenzen der Schweiz. Die Parole lautet: „Vive Guillaume Tell! Vive les descendants de Guillaume Tell!" Die Helvetische Republik wird gegründet; Wilhelm Tell ist die Symbolfigur des neuen revolutionären Staates. Tell-Embleme prangen auf allen amtlichen Dokumenten.[2]

---

(1) Zitiert nach der eindrucksvollen Text- und Bilddokumentation von Lilly Stunzi: Tell. Werden und Wandern eines Mythos. Bern und Stuttgart 1973, S. 104 f.

(2) Zur Rolle des Tell-Stoffs während der Französischen Revolution und der Helvetischen Republik vgl. Ricco Labhardt: Wilhelm Tell als Patriot und Revolutionär 1700–1800. Wandlungen der Tell-Tradition im Zeitalter des Absolutismus und der Französischen Revolution. Basel 1947, sowie ders. in: Lilly Stunzi (Anm. 1), S. 89–124; s. a. das Bildmaterial ebda. S. 107–144.

Auch im Frankreich der Französischen Revolution ist der Tell-Mythos ungeheuer populär. Straßen, Plätze, ganze Ortschaften werden nach dem Schweizer Helden benannt, ja zahllose Kinder auf seinen Namen getauft. In der jakobinischen Pariser „Section Guillaume Tell" wird eine von J.-L. David entworfene Tell-Büste kultisch verehrt. 1792 organisiert der Jakobinerklub einen Festzug durch die Straßen von Paris, in dessen Mitte Wilhelm Tell auf einem Triumphwagen den jubelnden Massen Armbrust, Pfeil und Apfel, die Zeichen seiner legendären Tat zeigt. Ein Jahr später trifft der Nationalkonvent die Anordnung, auf den von der Stadtbehörde zu bezeichnenden Theatern „dreimal wöchentlich die Tragödien des Brutus, Wilhelm Tell und andere Stücke aufzuführen, welche die ruhmvollen Ereignisse der Revolution und die Tugenden der Verteidiger der Freiheit darstellen; eine dieser Vorstellungen soll wöchentlich auf Kosten der Republik gegeben werden."[3]

Wider die Angst des Deutschlehrers vor ‚Wilhelm Tell'

Diese Beispiele dürften zur Genüge zeigen, daß Schiller vier Jahre nach der Begründung der Helvetischen Republik mit dem ‚Wilhelm Tell' einen politisch ungemein brisanten Stoff gewählt hat. Das sollte die Gebildeten unter den Verächtern dieses Schauspiels nachdenklich stimmen und vor allem die so weit verbreitete Angst des Deutschlehrers vor der Besprechung des ‚Wilhelm Tell' ein wenig dämpfen. Diese Angst rührt von der einstigen, heute jedoch nur noch peinlich berührenden Popularität des Dramas her, das wie kein anderes Werk der deutschen Literatur als Zitatfundus ausgeschlachtet worden ist. Die mythische Naivität des Stoffs hat, so scheint es, ihren einstigen Reiz verloren. Kitsch und Konsumliteratur haben die Alpenromantik in einem Maße ausgebeutet, daß man sich kaum mehr wie Schillers Zeitgenossen und spätere Generationen dem poetischen Zauber der idyllischen Szenen des ‚Tell' überlassen kann oder mag. Dieser Zauber ist zum längst abgenutzten Klischee verkommen. Unsere subventionierten Theater verschmähen Schillers letztes Drama, und welcher erwachsene Nichtgermanist liest es wirklich noch? Wer hat mehr als bloße Lektüreerinnerungen aus der Schulzeit – die meist nur das betreffen, was nicht von Schiller selbst stammt: die von ihm adaptierten naiven Handlungselemente der volkstümlichen Tell-Überlieferung.
Daß sich in diesen Elementen eine politische Parabel von erstaunlicher staatsphilosophischer Kühnheit verbirgt, daß ‚Wilhelm Tell' eine höchst reflektierte Antwort auf die Französische Revolution ist, wem will das in den Sinn? In der Schule besteht in der Regel kaum die Möglichkeit, das in Mißkredit geratene Werk vor Verharmlosung zu schützen, denn vom Unterrichtsstoff der Kollegstufe ist es weithin ausgeschlossen; stattdessen wird es meist in der 9. oder 10. Klasse behandelt – als erstes 'klassisches' Drama überhaupt. Damit sind aber einer Vertiefung der Interpretation Grenzen gesetzt, die gerade diesem in seiner vermeintlichen Einfachheit höchst anspruchsvollen Werk schaden müssen.

---

(3) Nach Albert Soboul: Die große Französische Revolution. Frankfurt/M. 1973, S. 533.

Max Frisch hat 1971 in seinem ‚Wilhelm Tell für die Schule' die Tell-Sage ironisch nacherzählt und Schillers vermeintliche Idealisierung des Stoffs einmal mehr in Frage gestellt. Tells Anschlag auf Geßler vergleicht er mit den Methoden der El-Fatah: „Nicht zu Unrecht [...] haben die palästinensischen Attentäter, die in Zürich am 18. Februar 1969 aus dem Hinterhalt ein startendes El-Al-Flugzeug beschossen, sich auf Wilhelm Tell berufen."[4] Eine Art Ehrenrettung des Schillerschen Helden stellt hingegen Rolf Hochhuths ‚Tell 38' dar. Hochhuth vertritt die Meinung, daß Adolf Hitlers ‚Tell'-Verbot im Jahre 1941 – Schillers Drama hatte nicht nur vom Theater, sondern auch aus dem Deutschunterricht der Schulen gänzlich zu verschwinden[5] – unmittelbar mit der Hinrichtung des Schweizers Maurice Bavaud 1941 zusammenhänge, der aus religiösen Gründen ein Attentat auf Hitler geplant hatte. Für diesen Zusammenhang gibt es jedoch nicht den geringsten Beweis. Weder hat Bavaud sich auf Tell berufen, noch läßt sich aus den von Hochhuth beigebrachten Quellen erschließen, daß man in Hitlers Umgebung den geplanten Anschlag mit der Vogt-Tötung bei Küßnacht in Verbindung gebracht hat. In der Tat hat der von Hochhuth auf törichte Weise zu einem Plutarchschen Helden emporstilisierte versponnene Fanatiker Bavaud, der dem Nationalsozialismus nicht einmal fern gestanden hat, mit Schillers Tell herzlich wenig gemeinsam.[6]

So populär ‚Wilhelm Tell' von Anfang an gewesen ist, den deutschen Obrigkeiten war er fast stets suspekt. Nach seinem „Rechtsgefühl" sei Tell immer „ein Rebell und Mörder" gewesen, schreibt Bismarck in seinen ‚Gedanken und Erinnerungen'; „meine Sympathien blieben auf Seiten der Autorität."[7] In allen Zeiten der Unterdrückung waren ‚Tell'-Aufführungen – sofern sie nicht gleich verboten wurden wie während der napoleonischen Ära oder am Ende der Nazizeit – für die Bevölkerung der willkommene Anlaß zur verdeckten politischen Demonstration. Zumal Hitler hatte allen Grund, das Drama des Widerstands zu fürchten. In der Gestalt des tyrannischen Bösewichts Geßler, des kinderlosen österreichischen Fremdlings und Emporkömmlings, der weder familiäre noch sonstige menschliche Bindungen kennt, der kein geschriebenes und kein ungeschriebenes Recht achtet, durfte der 'Führer' sein Spiegelbild sehen.

Als Drama des Widerstands ist ‚Tell' schon zur Zeit seiner Uraufführung beargwöhnt worden; angesichts des revolutionären Tell-Kults ist das kein Wunder. Als wie gefährlich die politische Intention des Dramas von seiten der Obrigkeit angesehen werden mußte – wenn sie genau hinhörte –, das sollen die folgenden Überlegungen zeigen. Sie zielen auf einen anderen ‚Wilhelm Tell' für die Schule – einen ‚Tell', von den Voraussetzungen der Revolutionsperiode her gedeutet. Der Blick auf den historischen Kontext des Dramas verleiht ihm vielleicht eine höhere und glaubwürdigere Aktualität, als es vordergründige Aktualisierung vermöchte.

---

(4) Max Frisch: Wilhelm Tell für die Schule. Frankfurt/M. 1971, S. 122.
(5) Vgl. Josef Schmidt (Hrsg.): Erläuterungen und Dokumente: Friedrich Schiller. Wilhelm Tell. Reclam, Stuttgart 1979, S. 106.
(6) Rolf Hochhuth: Tell 38. Dankrede für den Basler Kunstpreis 1976 am 2. Dezember in der Aula des Alten Museums. Anmerkungen und Dokumente. Reinbek bei Hamburg 1979.
(7) Otto von Bismarck: Gedanken und Erinnerungen. Bd. I. Stuttgart 1898, S. 1.

Der Befreiungskampf der Schweizer: konservative Anfänge

Schiller – daran ist zunächst nicht zu zweifeln – hat den Befreiungskampf der Schweizer in ‚Wilhelm Tell' als politisch-ästhetisches Gegenmodell zur Französischen Revolution aufgefaßt – als Modell, wie sie hätte ausfallen müssen, um 'gut' zu sein. Ausdrücklich hat er den Kampf eines Hirtenvolks, das „den Zwang abwirft, den es unwürdig leidet", gegen die chaotische Willkür der „Staatsumwälzung" in Frankreich[8] ausgespielt. Schiller integriert den Tell-Stoff in seine Konzeption der Idylle, einer Gattung also, welche im 18. Jahrhundert weithin auf die naturrechtliche Fiktion des Zustandes vor dem Gesellschaftsvertrag abgestimmt ist und so eine politische Argumentationsfigur einschließt. Was den Widerstand des Naturvolks der Eidgenossen nun von der Französischen Revolution fundamental unterscheidet – trotz der Gemeinsamkeit ihres idealpolitischen Programms –, ist die Tatsache, daß die schweizerische 'Revolution' die Geschichte gewissermaßen überschlägt. Diese stellt sich Schiller immer wieder (so namentlich in seinem letzten Werk: dem ‚Demetrius'-Fragment) als ein circulus vitiosus dar, aus dem allein die ästhetische Erziehung herausführt. Was durch sie auf dem Höhepunkt der Geschichte zu leisten ist, wird durch die Revolution des schweizerischen Naturvolks gewissermaßen antizipiert. Schiller stellt die Tell-Sage also keineswegs als Modell der Französischen Revolution dar. Dazu ist sie von ihren historischen Voraussetzungen her im Grunde auch kaum geeignet. Beim geschichtlichen Freiheitskampf der Schweizer ging es um den Widerstand gegen eine frühabsolutistische Fremdherrschaft um der Wahrung des alten Rechtsbestandes willen. Demgegenüber ist es das Ziel der Französischen Revolution, die sich gegen einen Despotismus von innen richtet, den traditionellen Rechtsbestand zu liquidieren. Das unterscheidet den modernen vom herkömmlichen (vor dem Ausgang des 18. Jahrhunderts vorherrschenden) Revolutionsbegriff.[9] Der Begriff „Revolution" stammt aus der Astronomie; er bezeichnet hier den in sich zurückkehrenden kreisförmigen Umlauf der Gestirne[10], als politische Metapher mithin die Wiederkehr der Zeiten, schließlich die Wiederkehr 'alten Rechts', die Restauration eines durch Despotismus gestörten Rechtszustandes, also gerade nicht einen Neuanfang unter radikalem Bruch mit der Vergangenheit.

Um einen solchen Neuanfang geht es auch den Eidgenossen in Schillers ‚Tell' anfänglich nicht. Sie fühlen sich als die rechtmäßigen Erhalter der Ordnung. Worauf sie pochen, ist ein gesetzliches, verfassungsmäßig verankertes Widerstandsrecht. Von „alter Freiheit" (V. 186), „altem Recht" (V. 1353) ist die Rede, bei dem man bleiben oder zu dem man zurückkehren wolle. „Wir wollen frei sein, wie die Väter waren." (V. 1449). Der ursprünglich konservative Charakter der schweizerischen

---

(8) Schiller: Sämtliche Werke, hrsg. v. Fricke/Göpfert. Bd. I. München [4]1965, S. 462 f. Schillers Verhältnis zur Französischen Revolution stellt sich am klarsten in seinem Brief an den Prinzen von Augustenburg vom 13. Juli 1793 dar, im folgenden zitiert nach Wolfhart Henckmann (Hrsg.): Friedrich Schiller. Über die ästhetische Erziehung des Menschen. München 1967, S. 15–26.
(9) Vgl. Karl Griewank: Der neuzeitliche Revolutionsbegriff. Entstehung und Geschichte. Aus dem Nachlaß hrsg. v. I. Horn-Staiger. Frankfurt/M. 1973.
(10) Siehe den Titel des astronomischen Hauptwerks von Kopernikus: De revolutionibus [!] orbium caelestium.

Revolution offenbart sich am deutlichsten an der Rütli-Szene (II/2). „Wir stiften keinen neuen Bund, es ist / Ein uralt Bündnis nur von Väter Zeit, / Das wir erneuern!" schärft Stauffacher den Eidgenossen ein, als Reding nach dem Inhalt des „neuen Bunds" fragt (V. 1152 ff.). Im gleichen Sinne verkündet Walter Fürst:

„Abtreiben wollen wir verhaßten Zwang,
Die alten Rechte, wie wir sie ererbt
Von unsern Vätern, wollen wir bewahren,
Nicht ungezügelt nach dem Neuen greifen." (V. 1352 ff.)

Deshalb sollen auch die bestehenden Verpflichtungen gegenüber den verschiedenen Obrigkeiten streng eingehalten werden (V. 1358 ff.), mögen sie auch dem ursprünglichen Stand der Schweizer widersprechen. Der Widerstand gilt nur der Rechtswillkür der Vögte, die sich über die „alten Freiheitsbriefe" (V. 244) hinwegsetzen. Die Sicherung des durch tyrannische Willkür verletzten alten Rechts, nicht die Schaffung eines neuen ist also das Ziel des Rütli-Bundes, der so zum Gegenbild der Französischen Revolution wird.

Schillers Theorie der Revolution

Was soll aber dann – so mag mancher Leser sich jetzt verwirrt fragen – der Hinweis auf den revolutionären Tell-Kult? Hat Schiller seiner Bearbeitung des Stoffs nicht eine deutlich antirevolutionäre Tendenz gegeben? Auf diese Fragen läßt sich nur nach einem Rückblick auf Schillers theoretische Auseinandersetzung mit der Französischen Revolution und der weiteren Interpretation des Dramas eine Antwort geben, dessen politische Intention keineswegs mit den ursprünglichen Bestrebungen der Eidgenossen zusammenfällt. In seinem Brief an den Prinzen von Augustenburg vom 13. Juli 1793 hat Schiller die Französische Revolution folgendermaßen auf den Begriff gebracht: „Eine geistreiche, mutvolle, lange Zeit als Muster betrachtete Nation hat angefangen, ihren positiven Gesellschaftszustand gewaltsam zu verlassen und sich in den Naturstand zurückzuversetzen, für den die Vernunft die alleinige und absolute Gesetzgeberin ist."[11] Schiller bedient sich hier des üblichen aufgeklärt-naturrechtlichen „Deutungsschemas der revolutionären Handlungen", das nach Jürgen Habermas die Revolutionsideologie entscheidend prägt.[12] Die Revolution ist die Wiederherstellung des fiktiven Naturzustandes, von dem aus auf der Basis der Willenserklärung freier und gleicher Menschen, nach Maßgabe allein der Vernunft ein neuer Gesellschaftsvertrag geschlossen wird. Hier setzt nun Schillers Revolutionskritik ein. Sie richtet sich nicht etwa gegen die Preisgabe des historischen Rechtsbestandes, sondern gegen die durch eine vorübergehende Suspendierung der bestehenden politischen Ordnung entfesselte Anarchie (ein Argument, das bei konservativen wie liberalen Revolutionskritikern in dieser Zeit weit verbreitet ist). Das „Uhrwerk des Staats" müsse „gebessert werden, indem es schlägt", meint Schiller.

(11) Schiller, zit. nach der Ausgabe von W. Henckmann (Anm. 8), S. 18.
(12) Jürgen Habermas: Naturrecht und Revolution. In: J. H.: Theorie und Praxis. Neuwied 1963, S. 55.

Wenn der alte Willkürstaat aufgelöst werde, der neue Vernunftstaat aber noch nicht verwirklicht sei, brauche man eine „Stütze" für die „Fortdauer der Gesellschaft".[13] Diese Stütze aber findet Schiller im ästhetischen Charakter des Menschen. Die ästhetische Erziehung, die den gestörten Einklang zwischen Vernunft und Sinnlichkeit wiederherstellt, soll den „Übergang" von der Herrschaft der bloßen physischen Kräfte – im alten Staat – zur „Herrschaft der Gesetze", also zum Vernunftstaat bahnen.[14] Sie ist also ein genaues Pendant zur Revolution; sie ersetzt diese gewissermaßen, indem sie – um der Vermeidung der Anarchie willen – den bestehenden Staat zwar äußerlich bestehen läßt, aber gleichsam unter seiner Schale den Vernunftstaat vorbereitet. Wie die Apologeten der Revolution geht Schiller in seinen Briefen ‚Über die ästhetische Erziehung des Menschen' von der Fiktion des Naturzustandes als des ursprünglichen „Standes der Unabhängigkeit" aus, den der Mensch „aus heller Einsicht und freiem Entschluß mit dem Stand der Verträge vertauschte". Von daher wird jeder Staat, der nicht auf rationaler Einsicht und freier Willenserklärung beruht, prinzipiell in Frage gestellt. „Wie kunstreich und fest auch die blinde Willkür ihr Werk gegründet haben, wie anmaßend sie es auch behaupten, mit welchem Scheine von Ehrwürdigkeit es umgeben mag", der Mensch darf dieses 'Werk', den bloß von physischen Kräften gelenkten Staat doch von den Prämissen des Naturrechts her „als völlig ungeschehen betrachten, denn das Werk blinder Kräfte besitzt keine Autorität, vor welcher die Freiheit sich zu beugen brauchte". Daß Schiller hier das Ende des Ancien régime vor Augen gehabt hat, zeigt der anschließende Satz: „Auf diese Art entsteht und rechtfertigt sich der Versuch eines mündig gewordenen Volks, seinen Naturstaat [d. h. den von willkürlichen physischen Kräften, vom Recht des Stärkeren bestimmten Staat] in einen sittlichen umzuformen."[15] Eben diese Mündigkeit streitet Schiller den Franzosen jedoch aufgrund der Exzesse ihrer Revolution ab. In deren vermeintlichem Scheitern gründet die politische Intention der ästhetischen Erziehung. Trotz seiner Absage an die Französische Revolution bleibt Schillers politisches Ideal der Vernunftstaat im Sinne des aufgeklärten Naturrechts, der nicht positiv an Hergebrachtes anknüpft, sondern aus der Auflösung der alten Rechtsbestände hervorgeht.

Der Rütli-Bund als Contrat social

Wie verhält sich dieses Faktum zur Affirmation 'alten Rechts' im ‚Wilhelm Tell'? Die naturrechtliche Vertragstheorie kehrt auch in der Rütli-Szene wieder. Der Sozialkontrakt wird hier – wie in der älteren Naturrechtslehre – in Analogie zur Bibel als „Bund" bezeichnet. Der Rütli-Bund ist die Bestätigung des alten, am Ende der Völkerwanderungszeit geschlossenen Bunds. Aus diesem Grunde soll Stauffacher dessen Ursprung erzählen. Die Ursprungssage vergegenwärtigt plastisch den Zustand unmittelbar vor der Vergesellschaftung. Der Naturzustand ist hier der Zu-

(13) Schiller: Sämtliche Werke (Anm. 8), Bd. V, S. 575 f. (‚Über die ästhetische Erziehung des Menschen').
(14) Schiller (Anm. 13), S. 574.
(15) Schiller (Anm. 13), S. 574.

stand eines aus der alten Heimat ausgewanderten Volks, das in einem neuen Land seßhaft wird und nun in einem frei geschlossenen Gesellschafts- und Herrschaftskontrakt seine Rechte zusammenlegt. „Freiwillig wählten wir den Schirm der Kaiser." Für den Schutz, den der Kaiser ihnen gewährt, haben sie ihm den Waffendienst gelobt. „Denn dieses ist der Freien einzge Pflicht, / Das Reich zu schirmen, das sie selbst beschirmt." (V. 1211 ff.) Der Kaiser ist also Partner in einem zweiseitig verpflichtenden Herrschaftsvertrag, der ein Widerstandsrecht einschließt, wenn der Herrscher vertragsbrüchig wird. Davon haben die Schweizer schon im Falle der widerrechtlichen Schenkung der Alp an die Mönche von Einsiedeln Gebrauch gemacht (V. 1243 ff.). Daß der fortgesetzte Verstoß gegen den Urvertrag von seiten des Kaisers zur Kündigung des Bunds berechtigt, wird von Stauffacher unmißverständlich hervorgehoben: „Und wird uns Recht versagt vom Reich, wir können / In unsern Bergen auch des Reichs entbehren." (V. 1253 f.) Hier weist Schiller auf die spätere Geschichte: die Loslösung der Schweiz vom Reich voraus.
Schlägt die Schutzherrschaft des Kaisers in „Gewaltherrschaft" um (V. 1242), ist auch – als ultima ratio – der Widerstand mit Waffengewalt legitim. Das drücken die berühmten Verse aus:

„Wenn der Gedrückte nirgends Recht kann finden,
Wenn unerträglich wird die Last – greift er
Hinauf getrosten Mutes in den Himmel
Und holt herunter seine ewgen Rechte,
Die droben hangen unveräußerlich
Und unzerbrechlich wie die Sterne selbst –
Der alte Urstand der Natur kehrt wieder,
Wo Mensch dem Menschen gegenübersteht –
Zum letzten Mittel, wenn kein andres mehr
Verfangen will, ist ihm das Schwert gegeben –
Der Güter höchstes dürfen wir verteidigen
Gegen Gewalt [. . .]" (V. 1275 ff.)

Die „ewgen Rechte", das sind die vor- und überstaatlichen Iura naturalia, die „unveräußerlich", d. h. in keinem Herrschaftsvertrag zu veräußern sind, vor allem die Trias 'Leben, Freiheit und Eigentum'. Der bewaffnete Widerstand im Namen dieser Rechte kommt der Aufkündigung des bestehenden Herrschaftsvertrags gleich, d. h. der Rückkehr in den Naturzustand, „wo Mensch dem Menschen gegenübersteht", d. h. wo alle gesellschaftlichen Unterschiede zwischen ihnen wegfallen und sie einander nur noch als Menschen gegenüberstehen

Iffland und die „politische Bedenklichkeit" des ‚Tell'

Die Verse Stauffachers sind ein brisanter Beitrag zur politischen Theorie der Zeit. Das Widerstandsrecht gegen den ungerechten Herrscher ist ein zentraler Punkt der vor-absolutistischen Vertragslehre gewesen. Im Widerspruch zu seiner rigorosen Ablehnung in der absolutistischen Staatstheorie ist es in der Lehre von der Volkssouveränität wiederhergestellt und zum Recht auf Revolution uminterpretiert worden. Jede Betonung des Widerstandsrechts geriet nun in Gefahr, als Verteidigung revolutionären Terrors diskriminiert zu werden. Eben das mußte Schiller auch für die zitierten Verse der Rütli-Szene befürchten, auf deren „politische Bedenklichkeit“ Iffland ihn anläßlich der Berliner Aufführung hinwies (7. April 1804).[16] „Die Berliner Regierung gestattet alles, was man in keiner Monarchie verstattet. Diese philosophisch-freie Regierung kann es auch verstatten.“ Doch die von Schiller „im hohen, schönen Schwunge dargestellten Menschenrechte“ gemahnen, so meint Iffland, an ihren Mißbrauch in Frankreich und können daher selbst von dieser liberalen Regierung nicht geduldet werden. „Will der Dichter einen Pöbel – wie jede so große Volksmasse ihn hat, zu einem tumultuarischen Aufjauchzen reizen?? Dieses – mit dem, was nachkommt, könnte einen Effekt machen, den der Dichter nicht will und den ich nicht wünschen kann.“[17] Schiller hat die Verse daraufhin ebenso wie andere von Iffland als politisch verfänglich empfundene Stellen recht mißgelaunt abgeschwächt, zugleich aber in seinem Brief an Iffland hinzugesetzt: „Wenn man einmal ein solches Sujet, wie der Wilhelm Tell ist, gewählt hat, so muß man notwendig gewisse Saiten berühren, welche nicht jedem gut ins Ohr klingen.“[18]

‚Wilhelm Tell‘ ist im Zusammenhang zu sehen mit der Diskussion über das Widerstandsrecht, die durch Kants Traktat ‚Über den Gemeinspruch: Das mag in der Theorie richtig sein, taugt aber nicht für die Praxis‘ (1793) ausgelöst wurde. Der provozierendste Teil dieses Traktats, der im folgenden Jahrzehnt zahlreiche Repliken ausgelöst hat, ist die unbedingte Ablehnung des Widerstandsrechts (das Kant vor Ausbruch der Französischen Revolution noch ausdrücklich anerkannt hatte). So sehr Kant die Prinzipien der neuen französischen Konstitution bejaht, verwirft er doch deren revolutionären Ursprung. Eine Revolution kann sich nach seiner Theorie niemals auf Rechtsgründe stützen, da sie stets ein Angriff auf die Grundlage des Rechts ist: den Urvertrag, durch den das Staatsoberhaupt als „Agent“ des allgemeinen Willens eingesetzt ist. Diese Einsetzung ist als das, wodurch Recht überhaupt zustande kommt, auch dann nicht rückgängig zu machen, wenn der Souverän zum Tyrannen wird. Selbst von einem „Notrecht (ius in casu necessitatis)“ will Kant nichts wissen, und er polemisiert heftig gegen den Standpunkt, das Volk könne angesichts der höchsten Gefahr für das Gemeinwesen „von seinem Unterwerfungsvertrag abgehen“, den Tyrannen entthronen und so gewissermaßen in den „Naturzustand“ zurückkehren. Das klingt wie eine vorweggenommene Polemik gegen Stauffachers Verse in der Rütli-Szene. Ja, Kant bezieht sich sogar selber auf jene Rebellion, wodurch die Schweiz „ihre jetzige für so glücklich gepriesene Verfassung errungen“ hat. Wäre diese Rebellion jedoch mißlungen, so wendet er ein, dann würden „die Leser der Geschichte derselben in der Hinrichtung ihrer jetzt so erhobenen Urheber nichts als verdiente Strafe großer Staatsverbrecher sehen“[19]. Auch Wilhelm Tell ist für Kant also nichts anderes als ein Staatsverbrecher!

---

(16) Friedrich Schiller: Wilhelm Tell. Quellen, Dokumente, Rezensionen, hrsg. v. Herbert Kraft. Reinbek b. Hamburg 1967 (Rowohlts Klassiker), S. 171 ff.
(17) Schiller (Anm. 16), S. 174.
(18) Schiller (Anm. 16), S. 182.
(19) Zit. nach: Kant, Gentz, Rehberg: Über Theorie und Praxis. Einleitung von Dieter Henrich. Frankfurt/M. 1967, S. 70 ff.

Überlagerung der konservativen durch liberale Prinzipien

In der Rütli-Szene überlagern sich recht eigentümlich naturrechtlich-liberale und konservative Prinzipien. Einerseits gibt es da den oben beschriebenen Herrschaftsvertrag, der ganz im Sinne der naturrechtlichen Argumentation in Schillers Briefen ‚Über die ästhetische Erziehung des Menschen' die gesellschaftliche Ordnung auf eine freie Willenserklärung zurückführt, anderseits werden aber auch die erst später, nach dem Urvertrag, hinzugekommenen feudalrechtlichen Verpflichtungen gegenüber den Territorialfürsten, Klöstern und anderen Herren, ja sogar Knechtschaft und Leibeigenschaft aufgrund ihrer 'Verjährung' (im alten, positiven Rechtssinne) als legitim angesehen – obwohl sie es im Lichte der Vernunft und des Naturrechts nicht sind. Diese Überlagerung des freiwilligen Urvertrags durch spätere, vom Recht des Stärkeren erzwungene und durch die lange geschichtliche Dauer legitimierte Unterwerfungsverträge wird durch den Rütli-Bund freilich *praktisch* abgetragen. Wenn auch Ulrich der Schmied als „eigner Mann" nicht zum Richter gewählt werden kann (V. 1141) – das passive Wahlrecht haben also nur die Freien im Sinne des schweizerischen Urvertrags –, so gibt es doch bezüglich des aktiven Wahlrechts keine Unterschiede. Bei der Abstimmung hat jeder die gleiche Stimme!
Haben also Freibauern und Leibeigene das gleiche aktive Wahlrecht, so ist der Adel aus dem Rütli-Bund ausgeschlossen. Das ist eine Tatsache von fundamentaler verfassungsrechtlicher Bedeutung, deklariert sich die Rütli-Versammlung doch als konstituierende Versammlung: „Wir stehen hier statt einer Landsgemeinde / Und können gelten für ein ganzes Volk" (V. 1108 f.). Eine erstaunliche Parallele zur Französischen Revolution: Selbsterklärung des Dritten Standes zur Nation![20] Mag sich der „neue Bund" auch als Wiederholung des alten ausgeben, so ist doch unverkennbar, daß er wesentlich andere Inhalte hat. Die „drei Völker des Gebirgs" (V. 1203), bisher nur in einer lockeren politischen Verbindung miteinander stehend, werden durch den Schwur „ein einzig Volk von Brüdern" (V. 1447) – eben „Eidgenossen", wie Rösselmann sie unmittelbar vor der Deklaration der Rütli-Versammlung als „ganzes Volk" zum erstenmal nennt. Der neue Bund und 'Vertrag' ist ein pactum unionis, kein pactum subiectionis mehr. Die Parallele zur Französischen Revolution wird durch das „Schauspiel der aufgehenden Sonne" am Ende der Szene – eine verbreitete Revolutionsmetapher – symbolisch verstärkt.

„Denn wer leugnet es wohl, daß hoch das Herz sich erhoben,
Ihm die freiere Brust mit reineren Pulsen geschlagen,
Als sich der Glanz der neuen Sonne heranhob,
Als man hörte vom Rechte des Menschen, das allen gemein sei,
Von der begeisternden Freiheit und von der löblichen Gleichheit."

So lauten die Verse des Richters im 6. Gesang von ‚Hermann und Dorothea'.[21] Und das berühmte emphatische Urteil Hegels über den Ausbruch der Französischen Re-

(20) Das konstatiert bereits Gerhard Kaiser in seiner bedeutenden Interpretation: Idylle und Revolution. Schillers ‚Wilhelm Tell'. In: Deutsche Literatur und Französische Revolution. Sieben Studien von Richard Brinkmann u. a. Göttingen 1974, S. 87–128, hier S. 103 ff.
(21) Goethes Werke. Hamburger Ausgabe, Bd. II, S. 478.

volution: „Es war dieses somit ein herrlicher Sonnenaufgang. Alle denkenden Wesen haben diese Epoche mitgefeiert“.[22]

Das Ende der politischen Vaterordnung

Auf dem Rütli vollzieht sich – darauf hat schon Gerhard Kaiser aufmerksam gemacht – die Ablösung der Vaterordnung durch eine Brüderordnung.[23] Das ist um so bedeutungsvoller, als auf der anderen Seite die väterliche Fürsorgepflicht die ‘heilige’ Stütze des Naturinstituts der Familie ist, während die Fremdherrschaft der habsburgischen Vögte sich als Pervertierung der patriarchalischen Ordnung darstellt. Die Freveltaten der Vögte sind eine Serie von Angriffen auf die Integrität der Familie, gipfelnd im Befehl Geßlers, Tell solle auf das Haupt des eigenen Kindes schießen. Der Tyrannenmord wird von Tell als Notwehr des bedrängten Vaters und als Rächung der „heiligen Natur“ dem Vatermord Parricidas als deren Schändung rigoros entgegengesetzt (V. 3180 ff.). Parricidas Tat gehört in die Reihe der Naturfrevel, deren sich auch die Vögte schuldig gemacht haben.

Freilich bringt nach den Worten Stauffachers der „blutge Frevel“ Parricidas doch „segenvolle Frucht“ (V. 3016 f.). Der Vatermord ist die symbolische Strafe dafür, daß der Kaiser kein „Vater seiner Völker“ gewesen ist (V. 3065). Durch den Mißbrauch der Gewalt hat er sich gewissermaßen des Vaterrechts beraubt. Aus den Untertanen einer väterlichen Herrschaft werden Bürger eines brüderlichen Gemeinwesens. Auch da, wo patriarchalische Herrschaftsbeziehungen noch in naturhafter Integrität vorwalten, ist doch ihr Ende nahe. „Und vaterlos laß ich euch alle, alle / Zurück“, klagt der sterbende Attinghausen (V. 2386 f.). Daß er indessen keine unmündigen Kinder zurückläßt, sondern mündige Bürger, welche der väterlichen Führung nicht mehr bedürfen, erfaßt er nach der Erzählung Stauffachers von dem ohne Hilfe des Adels zustandegekommenen Rütli-Bund mit seherischer Klarheit. „Ja dann bedarf es unserer nicht mehr, / [. . .] / Es lebt *nach* uns – durch andre Kräfte will / Das Herrliche der Menschheit sich erhalten.“ (V. 2419 ff.) Die ‘alte Freiheit’ wird abgelöst durch die „neue beßre Freiheit“ (V. 2424) eines republikanischen Gemeinwesens, deren Bedingung Gleichheit und Brüderlichkeit aller Bürger ist. Das konservative Prinzip des ‘alten Rechts’ wird verdrängt durch das alle herkömmlichen Privilegien aufhebende, im Gemeinwillen gründende neue Recht der libera res publica von Freibauern und Stadtbürgern, welchen sich die Adligen durch Entäußerung ihrer Vorrechte anschließen. „Der Adel steigt von seinen alten Burgen / Und schwört den Städten einen Bürgereid“ (V. 2430 f.) – wo nicht, so wird der von Attinghausen prophetisch vorausgesagte Fortgang des schweizerischen Unabhängigkeitskampfes lehren, ist ihm der Untergang im Krieg gegen die eidgenössischen Heere beschieden: „[. . .] des Adels Blüte fällt, / Es hebt die Freiheit siegend ihre Fahne“ (V. 2445 f.). Die ganze Attinghausen-Passage (V. 2416–2446) mit ihrer un-

(22) Hegel: Vorlesungen über die Philosophie der Geschichte, hrsg. v. Theodor Litt. Stuttgart 1961, S. 593.
(23) Kaiser (Anm. 20), S. 101 f.

verblümt adelsfeindlichen Tendenz empfand Iffland als so heikel, daß Schiller sich genötigt sah, sie für die Berliner Aufführung um einiges abzuschwächen.
Der erste Teil der prophetischen Vision Attinghausens erfüllt sich noch im Verlauf der dramatischen Handlung: der „Bürgereid" des Adels, der sich seiner Privilegien entäußert. Berta von Bruneck (bemerkenswert die aktive Rolle der Frauen, Gertrud Stauffachers und Berta von Brunecks, in der Freiheitsbewegung!) verzichtet als erste auf ihre Standesvorrechte, fordert Rudenz mit den Losungsworten der Französischen Revolution auf, sich als „Ersten von den Freien und Gleichen" zu betrachten (V. 1706), und bittet im Schlußbild die Eidgenossen, sie in ihren „Bund" aufzunehmen. Die abschließende Kurzszene des ‚Wilhelm Tell' (V. 3281 ff.) ist gewissermaßen die Abbreviatur eines Sozialkontrakts: Berta überträgt ihr „Recht" an den Bund und erhält von diesem den Schutz als „Bürgerin". Symbolisch wird dieser Vertrag durch den ehelichen Bund mit Rudenz vollzogen: Wie sie ihr „Recht" in die Hand der Eidgenossen legt, so reicht sie ihre „Rechte" als „freie Schweizerin dem freien Mann". Rudenz seinerseits zieht durch die Freierklärung seiner Gutsuntertanen aus deren 'Vaterlosigkeit' seit dem Tode Attinghausens (dessen Erbe er angetreten hat) die positive Konsequenz: Sie werden nicht nur moralisch, sondern rechtlich zu mündigen Bürgern erklärt, die des Vaters nicht mehr bedürfen. Das bedeutet: Die feudal-patriarchalische Grundherrschaft wird aufgehoben, Rudenz unterscheidet sich als Grundbesitzer jetzt nicht mehr von den Freibauern, die Gutsuntertanen werden in den Bruderbund der Eidgenossen integriert. Die Vaterordnung hat als Herrschaftsmodell ihre historische Legitimität eingebüßt – entsprechend den Worten Kants, daß „eine Regierung, die auf dem Prinzip des Wohlwollens gegen das Volk als eines Vaters gegen seine Kinder errichtet wäre, d. i. eine väterliche Regierung (imperium paternale), wo also die Untertanen als unmündige Kinder [. . .] sich bloß passiv zu verhalten genötigt sind", nichts anderes als „der größte denkbare Despotismus" ist.[24]

Vom Geßlerhut zur Jakobinermütze

Der Freiheitskampf der Schweizer in Schillers ‚Wilhelm Tell' ist die Idealkonstruktion einer zwar vernünftigen, aber das herkömmliche Recht nur allmählich aufhebenden – und dadurch der Gefahr der Anarchie entgehenden – Revolution, die das leistet, was dem gegenwärtigen geschichtlichen Menschen versagt, allein auf dem Wege der ästhetischen Erziehung erreichbar ist. Damit ist die Nähe wie Ferne des ‚Wilhelm Tell' zur Französischen Revolution bezeichnet. – Die Anspielungen auf dieselbe erreichen ihren Höhepunkt zu Beginn des fünften Aufzugs. Daß der Sturm auf die Zwingburgen, der Tanz auf ihren Trümmern Reminiszenzen an die Erstürmung der Bastille sind, hat Schiller selbst in seinem Brief an Iffland vom 5. Dezember 1803 gestanden. Und auch der Hut auf der Stange ist als Freiheitssymbol aus der Französischen Revolution bekannt. Das Zeichen der Tyrannenwillkür verwandelt

(24) Kant (Anm. 19), S. 60.

sich im letzten Akt des ‚Tell' in das Symbol republikanischer Freiheitlichkeit: „Er soll der Freiheit ewig Zeichen sein!" (V. 2923)
Die Geschichte des Freiheitshuts reicht bis in die Antike zurück.[25] Es war ein Element der Libertas-Tradition, nach der Ermordung eines Tyrannen einen Filzhut als Freiheitssymbol auf einer Stange durch die Stadt zu tragen. Wie bekannt dieses Symbol noch im späten 18. Jahrhundert gewesen ist, zeigt die Vignette mit dem Hut auf der Stange auf dem Titelblatt der Erstausgabe von Schillers ‚Abfall der Vereinigten Niederlande' (1788). Wenn Schiller den ursprünglichen Sinn des Zeichens im ‚Tell' wiederherstellt, ist das gewiß eine Anspielung auf das Hauptemblem der revolutionären Helvetischen Republik. Auf zahllosen Darstellungen, vor allem amtlichen Dokumenten der Zeit, ist die aus dem Liktorenbündel ragende Stange mit dem Hut zu finden. Überall in der Schweiz wurde (zugleich mit deutlicher Anspielung auf die Jakobinermütze) der in den Freiheitshut zurückverwandelte Geßler-Hut aufgepflanzt.[26] Also auch dessen Umdeutung im letzten ‚Tell'-Akt hat ein zeitgeschichtliches Vorbild.

‚Wilhelm Tell' und die amerikanische Revolution

Der amerikanische Historiker Perry Anderson hat das Zustandekommen des „plebejischen Schweizer Bundes" einen „im aristokratischen und monarchischen Europa einmaligen Vorgang" genannt, durch den ein Zustand eingetreten sei, „der den Herrschaftsprinzipien jener Zeit völlig widersprach"[27]. Es zeugt von Schillers historischer Hellsichtigkeit, daß er gerade diesen Zustand mit seinen weit in die Zukunft weisenden Zügen zum Stoff einer dramatischen Dichtung gewählt hat, welche die politischen Grundprobleme der Revolutionsepoche spiegeln soll. In dem bewußt beibehaltenen naiven Gewande der volkstümlichen Handlung des ‚Chronicon Helveticum' von Tschudi und der alten Tell-Spiele verbirgt sich fast ein zeitgeschichtliches Schlüsseldrama. Um nichts Geringeres geht es hier als um die Entstehung des modernen demokratischen Bewußtseins, um die Ablösung des auf historischem Recht beruhenden Staats durch ein im Prinzip der Volkssouveränität gründendes Gemeinwesen. Wenn Schiller den Freiheitskampf der Eidgenossen gegen die Französische Revolution ausgespielt hat, so gleicht jener in seiner poetischen Darstellung doch erstaunlich einem anderen Unabhängigkeitskampf des späten 18. Jahrhunderts: der ebenfalls als Reklamation 'alter Rechte', verbriefter 'Freiheiten' begonnenen amerikanischen Revolution.[28] Hier wie dort verwandelt sich die im Namen historisch verbürgter Autonomie unternommene Auflehnung einer Reihe

(25) Vgl. Gert Ueding: Wilhelm Tell. In: Schillers Dramen. Neue Interpretationen, hrsg. v. Walter Hinderer. Stuttgart 1979, S. 282 f.
(26) Vgl. die von Lilly Stunzi (Anm. 1) gesammelten Bilddokumente S. 116–119.
(27) Perry Anderson: Die Entstehung des absolutistischen Staats. Frankfurt/M. 1979, S. 382.
(28) Vgl. Harold Jantz: William Tell and the American revolution. In: A. Leslie Willson (Hrsg.): A Schiller symposium. Austin 1960, S. 65–84; ferner Kaiser (Anm. 19), S. 101, und Hans-Günther Thalheim: Notwendigkeit und Rechtlichkeit der Selbsthilfe in Schillers ‚Wilhelm Tell'. In: Goethe Jb. NF 18, 1956, S. 216–257.

von politisch nur lose verbundenen 'Staaten' gegen eine zentralistische Fremdherrschaft in die Begründung eines demokratischen Bundesstaates.
Was aufgrund gängiger Vorurteile von keinem Drama Schillers weniger zu vermuten ist: ,Wilhelm Tell' ist als eine (hier nur in Grundzügen nachgezeichnete) politische Parabel[29] ein höchst aktuelles Drama, an dem sich wie an kaum einem anderen poetischen Text unserer Literatur die Grundlagen des Staats und der Gesellschaftsordnung, in denen wir leben, erhellen lassen, stammen jene Grundlagen doch aus dem Jahrhundert Schillers, aus dem Naturrecht und der politischen Theorie der Aufklärung, der ,Wilhelm Tell' in seiner Handlung und seiner Problemstellung noch so stark verpflichtet ist. Der fesselndste und aktuellste ,Wilhelm Tell für die Schule' ist gewiß immer noch ,Wilhelm Tell' von Schiller.

Dieter Borchmeyer, Genter Str. 16, 8000 München 40

(29) Eine eingehende Untersuchung des ,Wilhelm Tell' vor dem Hintergrund der naturrechtlichen und politischen Theorie der Revolutionsepoche habe ich unter fogendem Titel vorgelegt: „Altes Recht" und Revolution. Schillers ,Wilhelm Tell'. In: Wolfgang Wittkowski (Hrsg.): Friedrich Schiller. Kunst, Humanität und Politik in der späten Aufklärung. Tübingen 1982, S. 69–113. Der vorliegende Aufsatz stellt eine Art Extrakt aus dieser Abhandlung dar. Eine von mir verfaßte Schulfunksendung über ,Wilhelm Tell' hat der Bayerische Rundfunk in der Reihe ,Texte und Dokumente' gesendet. Erstsendung: Dienstag, 20. April 1982 (Wiederholung voraussichtlich 1983).

Dieter Hörhammer

Konzentrische Freudenkreise

Zum Charakter der Idylle bei Jean Paul

Der Beitrag setzt psychoanalytische Erkenntnisse ein, um die Tiefendimension literarischer Texte zu erhellen. Die Narzißmustheorie, die zunächst resümiert wird, gibt die systematische Perspektive ab, mit der die Idyllen Jean Pauls betrachtet werden. Dadurch wird deutlich, daß die gesamte Anlage der Idyllen - vom szenischen Arrangement bis hin zur Metaphorik - durch die Fixierung auf eine frühe Stufe der psychischen Entwicklung bestimmt ist. Die Problematik dieser Festlegung, die in der humoristischen Erzählweise anklingt, wird abschließend thematisiert.

1. Vorbemerkung

Der folgende Aufsatz über die Tiefenstruktur der Jean Paulschen Idyllen entstammt einer längeren Untersuchung zur Ausbildung des literarischen Humors während der liberalen Ära des Bürgertums. Ich habe darin die besondere Bedeutung, die dieses Phänomen für die bürgerliche Subjektivität besaß, zu rekonstruieren versucht und mich dabei des psychoanalytischen Instrumentariums bedient, weil es mir als einziges angemessen schien, die Komplexität des Gegenstandes zu erfassen.[1]
Noch vor jedem sozialpsychologischen Einordnungsversuch ist der humoristische Roman, für sich betrachtet, ein Problem, das sich dem traditionellen literaturwissenschaftlichen Verständnis entzieht. Ein systematischer Ansatz mit psychologischen Kategorien ist schon deshalb erforderlich, weil die humoristischen Werke inhaltliche und formale Verschiedenheiten aufweisen und sich erst mit Bezug auf ihren unverwechselbaren Heiterkeitserfolg als spezifische Textsorte identifizieren lassen.
Hinsichtlich ihrer affektiven Qualität gehören die humoristischen Romane zum facettenreichen Spektrum des Narzißmuskomplexes. Wenn wir im folgenden die Narzißmusforschung heranziehen, um sie für die Interpretation der Jean Paulschen Idyllen fruchtbar zu machen, so muß zunächst einem möglichen Mißverständnis begegnet werden. Bei einer Interpretation mit bestimmten Vorannahmen darf es nicht um eine mechanische Anwendung der psychoanalytischen Theorie auf die Texte gehen, was diese zu klinischen Fallbeispielen degradieren würde, vielmehr stellt die Theorie eine heuristische Orientierungshilfe dar, die uns nach und nach die Tiefendimension der Texte in ihrer Einzigartigkeit aufschließt.

(1) Die Untersuchung, mit der ich an der philosophischen Fakultät der Universität Konstanz promoviert habe, wird in einigen Monaten unter dem Titel ‚Die Formation des literarischen Humors. Ein psychoanalytischer Beitrag zur bürgerlichen Subjektivität' erscheinen.

Im Zuge einer solchen Annäherung an die besondere Dynamik des humoristischen Lustgewinns ergab sich die Betrachtung der Idyllen Jean Pauls, die wegen ihrer Eigenständigkeit hier gesondert erscheinen kann.

2. Zur Theorie des Narzißmus

Eine konsistente Narzißmustheorie, wonach Freud vergeblich suchte, zeichnet sich für die psychoanalytische Forschung erst allmählich ab.[2] Michael Balint hat die schwankenden Auffassungen Freuds im einzelnen diskutiert und die Richtung der neuen Konzeption bestimmt, insofern er die Bedeutung der primären Identität von Mutter und Kind für den Narzißmus hervorgehoben hat. Er bezeichnet das Verhältnis der dyadischen Situation als harmonische Verschmelzung und sieht eine Entsprechung in der Art, wie der Mensch mit der Luft in gegenseitiger Durchdringung lebt, ohne dieser Tatsache besondere Aufmerksamkeit zu schenken.[3]

2.1 Primärer Narzißmus

Die ursprüngliche Mutter-Kind-Einheit hat ihr Leibparadigma im Intrauterinleben, wo Fötus und Mutter ineinander übergehen. Die pränatale Lage ist vornehmlich charakterisiert durch das ungeschiedene Dasein, die vollständige Umhüllung mit Fruchtwasser, weitgehende Reizabschirmung, automatische und kontinuierliche Versorgung sowie sanft schwingende Bewegung. Durch diese Eigenschaften wird die embryonale Existenz für das spätere narzißtische Erleben vorbildlich.
Trotz der einschneidenden Veränderungen, die sich aus der Geburt ergeben, bleibt dem Säugling das „ozeanische Gefühl"[4] eine Zeitlang erhalten. Er bringt ja weder eine Empfindung für seine Körpergrenzen mit, noch nimmt er die Umwelt strukturiert wahr. Das mütterliche Objekt existiert für ihn nur als Moment einer Befriedigungssituation, in der sich die harmonische Verschmelzung bestätigt. Die geglückte Interaktion im Säugeakt bringt in eins die Eindrücke der vollen Sättigung, der optimalen Beruhigung und des sicheren Gehaltenwerdens; sie führt das Erlöschen der Körperbedürfnisse und den Schlaf herbei. Um solche Erinnerungsspuren an rekurrente Befriedigungserlebnisse zentrieren sich die ersten, frei flottierenden Libidobesetzungen. Allmählich kommt es zu einer zögernden Ablösung der sexuellen von den vitalen Funktionen, deren Vergesellschaftung freilich mit unterschiedlichen Akzenten andauert. War es die ursprüngliche Tendenz des kindlichen Organismus, alle Erregungen auf einem minimalen Niveau zu halten, so bringen ihn die leicht verbesserte Reizverarbeitung und die unvermeidlichen Frustrationen dahin, zur akti-

(2) Die Diskussion um eine einheitliche Theorie ist noch im Gang. Profilierte Positionen werden von Kohut (1971), Argelander (1971) und Kernberg (1975) vertreten. In unserem Zusammenhang kann weder auf die metapsychologischen Probleme der einzelnen Ansätze noch auf deren Differenzen untereinander eingegangen werden.
(3) Balint (1960).
(4) Freud XIV 421–423. Sigmund Freud wird zitiert nach der von Anna Freud u. a. herausgegebenen Gesamtausgabe, und zwar mit der Angabe des Bandes (römische Ziffer) und der Seitenzahl (arabische Ziffer).

ven Lustsuche überzugehen. Ihm bieten sich zunächst die Mutterbrust, später das aufgespaltene Erscheinungsbild der Mutter als erste Teilobjekte an. Auf dem Wege der Einverleibung nimmt er ihre guten Aspekte ins Körperinnere auf, stößt dagegen die bedrohlichen und versagenden Aspekte aus und erhält dergestalt sein „symbiotisches milieu intérieur“[5]. Es bleibt jedoch in der Normalentwicklung nicht aus, daß sich ein realistischeres Kriterium für die Realitätsprüfung durchsetzt.
Die Enttäuschungen, die der infantilen Lustsuche bereitet sind, führen zu ziemlichen Frustrationserlebnissen des Kindes. Sie fördern die Wahrnehmung, daß das Liebesobjekt nicht ständig erreichbar oder gefügig ist. Die Erfahrung der Abhängigkeit vom geliebten und gebrauchten Objekt tritt in Konkurrenz zur Phantasie, es vollständig beeinflussen zu können. In die gleiche Zeit fällt auch die Entdeckung, daß es Rivalen um die Zuwendung der Mutter gibt. Angesichts der Notwendigkeit, die Zerstörung der fragilen Repräsentanzen durch Wut, aggressive Abwertung und Neid zu verhindern und dem traurigen Verfallsprozeß der ‘splendid isolation’ entgegenzuwirken, wird das Kleinkind offen narzißtisch.
Es stattet die ansatzweise unterschiedenen Selbst- und Objektimagines mit eben der Vollkommenheit aus, welche die dyadische Einheit ausgezeichnet hatte. Einerseits stellt es ein grandioses Wunschbild von sich zur Schau, worin es allmächtig, auf keine Hilfe angewiesen und von Niederlagen unberührt ist. Andererseits werden die Eltern zu imponierenden Gestalten idealisiert, die über grenzenlose Macht und unglaubliche Fähigkeiten verfügen. Die mangelhafte Abgrenzung von Selbst und Objekten erlaubt es dem Kind, die Elternfiguren als ausführende Organe seiner Größenphantasien zu sehen oder sich selbst als Teil der tragenden Gewalten zu fühlen.
Nur schrittweise verabschiedet das Kind die überzogene Bedeutung seiner eigenen Person und den Nimbus seiner Eltern. Im selben Maße verinnerlicht es die grandiosen Vorstellungen von sich und die erhabenen Aspekte der Eltern und verwendet sie zur Aufrichtung bzw. Stabilisierung der Über-Ich-Strukturen. Freud hat dargestellt, wie die Formation des Ichideals den Narzißmus fortsetzt und zeitlebens garantiert:

„Der Mensch hat sich hier, wie jedesmal auf dem Gebiete der Libido, unfähig erwiesen, auf die einmal genossene Befriedigung zu verzichten. Er will die narzißtische Vollkommenheit seiner Kindheit nicht entbehren, und wenn er diese nicht festhalten konnte, durch die Mahnungen während seiner Entwicklungszeit gestört und in seinem Urteil geweckt, sucht er sie in der neuen Form des Ichideals wieder zu gewinnen. Was er als sein Ideal vor sich hin projiziert, ist der Ersatz für den verlorenen Narzißmus seiner Kindheit, in der er sein eigenes Ideal war.“[6]

2.2 Narzißtische Störungen

Wenn die Integration der archaischen Konfigurationen in den Persönlichkeitsaufbau so reibungslos gelingt, wie es eben entwickelt wurde, dann ist der vom Narzißmus tradierte Wunsch nach harmonischer Verschmelzung in reifen Modifikationen aufgehoben. Er geht dann dem erwachsenen Menschen in Erfüllung, wenn er sich

(5) Mahler (1968), S. 15 analog zu Freuds Vorstellung vom „purifizierten Lust-Ich“ (Freud X 228).
(6) Freud X 161.

im Engagement für gemeinsame Ziele mit anderen solidarisch weiß, wenn er auf die eigene Leistung zu Recht stolz sein und daneben fremde Fähigkeiten neidlos bewundern kann, wenn er in harmonischen Objektbeziehungen lebt, die von solch gegenseitiger Anerkennung getragen sind.

Je weniger dagegen die archaischen Imagines in die psychische Struktur integriert sind, desto stärker ist das Subjekt an die *unmittelbare* Erfahrung von Ungeschiedenheit fixiert, die dem durchschnittlichen Erwachsenen allenfalls vorübergehend in der sexuellen Vereinigung, in Rauschzuständen oder im Schlaf zugänglich ist. Dementsprechend fächert sich der Narzißmuskomplex, wie es Otto Kernberg[7] beschrieben hat, in ein Spektrum pathologischer Bildungen auf.

Die leichtere Form narzißtischer Störung ergibt sich aus der Regression vom normalen erwachsenen Narzißmus zum normalen infantilen Narzißmus, wie sie sich bei der anaklitischen Objektbeziehung beobachten läßt. Die ursprüngliche Anlehnung der sexuellen an die vitalen Funktionen hat sich hier erneut geltend gemacht und ein Objekt gewählt, dessen Liebe in erster Linie die versorgende und schützende Natur der Elternliebe fortsetzt. Das Gewicht der Abhängigkeitsbedürfnisse und Idealisierungsbestrebungen bedingt eine dauernde Unausgeglichenheit des Verhältnisses.

Eine schwerere Störung stellt der narzißtische Typus der Objektwahl dar, bei dem eine Inversion der Beziehung von Subjekt und Objekt vorliegt. Im unbewußten Erleben ist das introjizierte Objekt an die Stelle der eigenen Person getreten, während die gewählte Bezugsperson wichtige Aspekte des Selbst repräsentiert. Beispielsweise identifiziert sich der männliche Homosexuelle mit der idealen Mutter und liebt im Partner das Spiegelbild seines kindlichen Selbst.

Bei der narzißtisch gestörten Persönlichkeit im eigentlichen Sinne hat die libidinöse Besetzung einer pathologischen Selbst-Struktur den Liebesbezug zu den Objekten vollständig aufgesogen. Traumatische Enttäuschungen aus der Mutter-Kind-Dyade haben dazu geführt, daß die idealen Imagines nicht zur Aufrichtung des Ichideals verwendet, sondern mit den Rudimenten realer Selbstrepräsentanzen zum grandiosen Selbst verdichtet wurden. Die zwischenmenschlichen Beziehungen der narzißtischen Persönlichkeit sind folglich keine echten Objektbeziehungen, sondern die Interaktion zwischen dem grandiosen Selbst und der zeitweiligen Projektion eben dieses grandiosen Selbst auf andere Personen. Für die innere Wahrnehmung eines solchen Charakters führen Objekte, die nicht gerade idealisierte Vertreter seines Selbst oder paranoid gefürchtete Feinde sind, ein unbedeutendes Schattendasein.

Eine noch tiefere Regression führt zur Rücknahme der Ich-Differenzierung, die bis dahin zwar pathologisch, aber relativ stabil war. Der Psychotiker erreicht den Urzustand symbiotischer Verschmelzung unter Preisgabe einer kontinuierlichen Identitätserfahrung. Aufgrund der entmischten und ungebundenen Triebbesetzungen sind die Fusionsphantasien abwechselnd begleitet von ekstatischem Wonnegefühl über die unauflösliche Einheit oder von panischer Angst, durch die gegenseitige Verschlingung unterzugehen.

Insgesamt basiert die narzißtische Pathologie auf einem grundlegenden Defekt im seelischen Gefüge, der den Aufbau einer inneren Welt psychischer Repräsentanzen

(7) Kernberg (1975), S. 365 ff.

entscheidend beeinträchtigt. Weil aufgrund einer spezifisch verzerrten Sozialisationspraxis der eingespielte Beziehungsmodus der primären Einheit nicht bruchlos in den folgenden Interaktionsformen fortgesetzt wird, erhält er sich unmodifiziert und sperrig gegen eine spätere Verinnerlichung. Der Narzißt bleibt – nach einer Formulierung Karl Landauers – dem Mythos von der unauflöslichen „Gemeinschaft mit sich selber" verhaftet. Obwohl er das Eigenleben seiner Bezugsobjekte kognitiv wahrnimmt, stellen sie für sein Unbewußtes nichts anderes als eine Erweiterung seiner Person, als ein notwendiges Komplement bei der Erhaltung seiner Bedürfnislage dar. Kein Objekt ist aber zu solch ausschließlicher Instrumentalisierung imstande, was der Narzißt als eine existenzbedrohende Dysfunktion in seinem Universum erlebt. Er laboriert deshalb an der unlösbaren Aufgabe, die angsterregende Eigenständigkeit von Objekten zu entschärfen, und verfolgt dazu die gegenläufigen Richtungen nach stärkerer Anbindung oder weitgehender Befreiung.

2.3 Erscheinungsformen

Betrachten wir die Erscheinungsformen der beiden Tendenzen[8], so kennzeichnet das Bild der Abhängigkeit die eine Entwicklungslinie. Aus der Angst heraus, das Objekt und damit das lebenswichtige Sicherheitsgefühl zu verlieren, wird möglichst jede Trennung von ihm vermieden. Sich daran anklammern und es festhalten erscheint als beste Form der Selbsterhaltung, weshalb physische Nähe zu den Bezugspersonen und steter Kontakt mit der vertrauten Umgebung so wichtig sind. Was aber bisweilen nach einer innigen Objektbeziehung aussieht, ist in Wahrheit der primitive Anhalt an die ideale Mutterimago. Das magische Objekt muß fehlende Segmente der psychischen Struktur ausgleichen helfen. Weil in die Vorgeschichte des Subjekts traumatische Versagungen von seiten der Mutter fielen, welche das seelische Gleichgewicht ihres Kindes nicht in erträglichen Schwankungen zu halten wußte, unterblieb die schrittweise Verinnerlichung mütterlicher Funktionen ins Über-Ich. Deshalb ist das Subjekt allein kaum fähig, mit seinen Bedürfnisspannungen umzugehen oder sich selbst zu beruhigen, sondern bleibt in extremer Weise von der narzißtischen Zufuhr durch die Außenwelt abhängig.[9]
Es ist aber äußerst schwierig, der großen Bedürftigkeit des „ewigen Säuglings"[10] zu entsprechen. Seine Wünsche sind sowohl unersättlich als auch ungenau. Falls sie nicht spontan und selbstverständlich erfüllt werden, ist er um ihre eindeutige Artikulation verlegen. Auf keinen Fall wird er sie in Form einer Bitte vorbringen, sondern eine vorwurfsvolle oder weinerliche Unzufriedenheit an den Tag legen, gelegentlich in Abwechslung mit Jähzornsausbrüchen. Zu seiner wahllosen Gier kommen starker Neid und Ungeduld, die jedoch eine besondere Hartnäckigkeit der Ansprüche nicht ausschließt. Außer bei Fragen der regelmäßigen Versorgung zeigt er

(8) Die Gegenüberstellung hat ebenfalls M. Balint als erster unternommen. Siehe Balint (1959). Er gebraucht dabei die Kunstwörter oknophil (für den „anklammernden" Typus) und philobatär (für den „unabhängigen" Typus).
(9) Kohut (1971), S. 66. Auch Drogenabhängigkeit folgt dieser Ableitung. Siehe zur oralen Fixierung im folgenden Abraham (1924) und Grunberger (1959).
(10) Freud XIII 352.

sich hauptsächlich passiv. Er pflegt einen zurückgezogenen, oft verschrobenen Individualismus, versinkt in unerschütterlicher Gemütlichkeit und entwickelt eine träge Gleichgültigkeit gegenüber allen Dingen, die ihn nicht unmittelbar tangieren.
Die verkümmerten Ich-Fähigkeiten im Gefolge der anklammernden Haltung bilden einen auffallenden Kontrast zum Bild der Souveränität, das die andere Entwicklungslinie bietet. Die ausgesprochene Selbständigkeit antwortet hier der massiven Angst, je wieder von einem menschlichen Objekt abhängig und den bösen Enttäuschungen ausgesetzt zu sein. Der narzißtische Charakter geht von den gleichen traumatischen Kindheitserlebnissen des Verlassenseins aus. Anstatt sich jedoch an ein magisches Partialobjekt zu klammern, regrediert er auf das objektlose Urstadium und mobilisiert das intrauterine Lebensgefühl der absoluten Einhüllung in die nährend-schützende Materie. Diese schemenhafte Umwelterfahrung teilt sich seinem ganzen Lebensraum, oft sogar in kosmischen Dimensionen, mit. Sicherheit verbürgt im Gegensatz zu den begrenzt verfügbaren Menschen allein die unendliche Natur. Ihre Elemente sind vertraut und freundlich; aus dieser Welt kann man nicht fallen, ja als untrennbarer Bestandteil von ihr ist man unvergänglich, grenzenlos und unerschöpflich wie sie selbst. Derartige unbewußte Phantasien bringen das expansive Wesen des grandiosen Selbst zur Geltung. Auch das Wohlbehagen, das oft mit einem veränderten Körpergefühl einhergeht (z. B. bei 'erhebenden' Momenten im Wasser, in der Luft oder in weiter Landschaft), scheint seinen Ursprung in frühesten Erinnerungsspuren zu haben. Da es schon einer größeren Geschicklichkeit bedarf, die symbiotische Verschmelzung aufrechtzuerhalten, ohne daß ein menschliches Objekt allzu bedeutsam wird, bilden solche Persönlichkeiten nicht selten überdurchschnittliche Ich-Fähigkeiten aus und bringen es auf Gebieten, wo der zwischenmenschliche Bezug weniger wichtig ist, sogar zu einer gewissen Perfektion. Sie sind deshalb in unserer Gesellschaftsordnung häufig an Spitzenpositionen oder unter der künstlerischen Elite anzutreffen. Mit einiger kritischer Distanz gesehen, besteht ihre Arbeit aber zumeist aus leerer Produktivität, wovon sich ihre Umgebung und sie selbst haben täuschen lassen.
Im oral-narzißtischen Erscheinungsbild überwiegt zwar bei stabiler Identität immer eine der beiden Entwicklungslinien, doch zeigt dieselbe Person dahinter verborgen auch die gegensätzliche Variante. Bei vielen, die sich aus der libidinösen Bindung an ihre Mitmenschen befreit haben, beobachtet man beispielsweise, wie sie ihr Festhalten am preisgegebenen Objekt durch stets zuhandene Gegenstände symbolisieren. Meist ist es etwas ganz Unauffälliges mit der Bedeutung eines fetischartigen Utensils oder eines 'treuen Begleiters' (sei es ein Talisman, ein Haustier oder eine menschliche Randfigur). Umgekehrt vermeint der anhängliche Typus, die idealisierte Gestalt durch seine Anklammerung zu besitzen und souverän zu kontrollieren, büßt sie aber infolge dieser Verdinglichung als Liebesobjekt ein.
Erst recht ist die scheinbare Verteilung von Hilflosigkeit und Omnipotenz auf entwertete und grandiose Imagines irreführend, weil sich die Selbst- und Objektrepräsentanzen in der Verschmelzung wechselseitig vertreten. Freilich wirbt der orale Charakter um die Gunst der schützenden Mächte, indem er sich so klein wie möglich macht, aber da er sie ja magisch beeinflußt, verfügt auch er über ihre gewaltige Größe. Die narzißtische Persönlichkeit andererseits, die so erhaben scheint, verarmt

ohne die anhaltende Bewunderung der Leute, die ihr so wenig bedeuten. Für beide Ausprägungen stehen jedenfalls die Objektbeziehungen ausschließlich im Interesse der Selbsterhaltung und können deshalb nicht als differenziertes Wechselspiel von Zuwendung und Abneigung erfahren werden.

3. Jean Pauls Idyllen

Wo immer Freud auf den Humor zu sprechen kommt, finden wir Hinweise auf das narzißtische Substrat dieses Phänomens. Er führt das Interesse des Lesers an humoristischen Gestalten zurück auf

„die narzißtische Konsequenz, mit welcher sie alles ihr Ich Verkleinernde von ihm fernzuhalten wissen. Es ist so, als beneideten wir sie um die Erhaltung eines seligen psychischen Zustandes, einer unangreifbaren Libidoposition, die wir selbst seither aufgegeben haben.“[11]

Diese Bemerkung verweist nicht nur auf eine wichtige Komponente des literarischen Humors, sondern auch auf den zentralen Kunstgriff, dessen sich Jean Paul in seinen humoristischen Idyllen bedient.

3.1 Behauptete Kindlichkeit

Die traditionelle Literaturgattung der Idylle beschreibt das unbeschwerte Leben einfacher Leute, welche die Auswirkungen der Zivilisation noch nicht zu verspüren bekommen haben. Ihre Existenz ist ein in sich ruhendes Dasein in abgeschirmter Naturszenerie, ihr Bewußtsein von unverfälschter Naivität. Anfänglich war die Idylle mit der Vorstellung vom Goldenen Zeitalter verknüpft und bleibt auch mit dem naturrechtlichen Denken verbunden, bis sie Schiller mit der Vergegenwärtigung des Ideals einer mit der Natur versöhnten Zivilisation beauftragt.
Jean Paul nimmt dagegen in der ‚Vorschule der Ästhetik‘ weder den Unterschied von natürlicher oder staatlicher Organisation noch das utopische Postulat auf, sondern verlegt den Schwerpunkt in die Innerlichkeit und auf die subjektive Möglichkeit, selbst unter objektiv eingeschränkten Verhältnissen Freude zu empfinden. Er definiert die Idylle als „epische Darstellung des *Vollglücks* in der *Beschränkung*“ und hebt als neue Sujets die bescheidenen Anlässe zum Fröhlichsein hervor, die den Alltag vom Alltag unterscheiden.[12] Die Wirkung solcher Texte erklärt Jean Paul auf eine Weise, die den psychogenetischen Ursprung in Kindheit und Narzißmus schon andeutet.

„Aber was ist denn das, fragt ihr, was in Theokrits und Vossens Idyllen bei einem so mäßigen Aufwand von Geist und Herz der Spieler uns so froh bewegt und zwar nicht hinreißt, doch schaukelt? Die Antwort liegt fast in dem letzten Bilde von der körperlichen Schaukel; auf dieser wiegt ihr euch in kleinen Bogen auf und nieder – ohne Mühe fliegend und fallend – ohne Stöße Luft vor euch mit Luft hinter euch tauschend. So euere Freude mit einem Freudigen im

---

(11) Freud X 155.
(12) Jean Paul V 258 f. Jean Paul wird in derselben Weise wie Freud nach der von Norbert Miller herausgegebenen Werkausgabe zitiert.

Hirtengedicht. Sie ist ohne Eigennutz, ohne Wunsch und ohne Stoß, denn den unschuldigen sinnlichen kleinen Freudenkreis des Schäfers umspannt ihr konzentrisch mit euerem höheren Freudenkreise. Ja ihr leihet dem idyllisch dargestellten Vollglück, das immer ein Widerschein eueres früheren kindlichen oder sonst sinnlich engen ist, jetzo zugleich die Zauber euerer Erinnerung und euerer höheren poetischen Ansicht [...]"[13]

Jean Pauls Idyllen[14] sind sozusagen Legenden von komischen Heiligen. Die Akteure sind unscheinbare Leute, von Beruf Lehrer, Pfarrer oder Schulbuchautor. Hinsichtlich ihres gemeinsamen Sozialcharakters sind sie weniger „innige Pädagogennaturen"[15], als vielmehr Vertreter der provinziellen Intelligenz in den deutschen Fürstenstaaten des 18. Jahrhunderts. Das Elend dieses Standes kommt in den satirischen Passagen zum Ausdruck, die seine Armut und mangelnde Ausbildung, die feudalen Abhängigkeitsverhältnisse und die Käuflichkeit der Ämter, zusammen mit der Misere des ganzen Erziehungswesens anprangern. Jean Paul zählt die Pädagogen zur Menge der „gebundnen Menschen",

„die im Fischkasten des Staates stille stehen und nicht schwimmen sollen, weil schon der ans Ufer lang gekettete Kasten oder Staat im Namen der Fische schwimmt [...]"[16]

Der Glücksanspruch all jener, welche die staatlich verordnete Ruhe verinnerlicht haben, hat sich auf Behaglichkeit reduziert. So trotzen die drei Idylliker den harten Bedingungen eine selbstgenügsame Zufriedenheit ab, indem sie ihre eingeschränkte Lage einerseits als wohlige Enge genießen, andererseits mit Schriftstellerei, wie borniert sie immer geraten mag, ausgleichen.

Unter ironischer Berufung auf die Lesererwartung an Idyllen bemüht sich der Erzähler ebenfalls, die düsteren Seiten dieser Lebensläufe auszuklammern oder zu kaschieren und seiner Schilderung einen hellen Klang zu bewahren.[17] Seine biographische Bearbeitung wird durch die historischen Quellen sehr erleichtert, denn dieses Material besteht (der Fiktion nach) aus den literarischen Reminiszenzen der Idylliker, die diese ihrerseits schon zur Stilisierung ihres dürftigen Lebens angelegt hatten. Auch benutzt der Erzähler die überlieferten Unterlagen nur, um sie poetisch zu überfärben. Er macht kein Hehl daraus, daß seine Phantasievorstellungen nie ganz mit seinen Beobachtungen übereinstimmen, gerade deshalb aber den Vorrang haben.[18]

Der Phantasiearbeit entspringen biographische Genrebilder von annähernd gleichem Aufbau. Aus der gesamten Lebensdauer werden die Kindheit und jener kurze Zeitraum hervorgehoben, in den die Erfüllung jugendlicher Hoffnungen fällt. Während dieser Phase will die Folge von Sonn- und Feiertagen, persönlichen Festanlässen, Amtseinführungen und Ehrungen nicht abreißen. Weitläufig werden Verlobung

(13) Jean Paul V 260; vgl. auch VI 378.
(14) ‚Leben des vergnügten Schulmeisterlein Maria Wutz in Auenthal' (1793); ‚Leben des Quintus Fixlein, aus fünfzehn Zettelkästen gezogen' (1795); ‚Leben Fibels, des Verfassers der Bienrodischen Fibel' (1811). Auch seine ‚Selberlebensbeschreibung' (1819) hat Jean Paul als Idylle angelegt.
(15) Kreienbaum (1933), S. 26.
(16) Jean Paul IV 11.
(17) Vgl. bes. Jean Paul IV 101 und 151. Ferner I 425 und VI 446.
(18) Jean Paul I 446; IV 147, 159 f., 165, 199; VI 375 ff., 380.

und Hochzeit und der „elysäische Zwischenraum“[19] beschrieben. Daneben betrachtet die Erzählung den Helden bei seiner literarischen Lieblingsbeschäftigung, geht weiter zu einer Begegnung mit dem Biographen, um ihn zuletzt in Erwartung seines Todes zu schildern. Die Wechselfälle seines sonstigen Schicksals werden überhaupt nicht zur Sprache gebracht.

Die ästhetische Umformung macht nun aus dem, was für den Idylliker „herkulische Arbeit“[20], forciertes Mittel zu seiner Selbstbehauptung ist, den verspielten Ausdruck einer erhaltenen Kindlichkeit. Die Unmittelbarkeit, die der Idylliker krampfhaft aufrechterhält, münzt die Erzählweise zur komischen Naivität, indem sie ihn systematisch auf Infantilität festschreibt. Mit seinen drolligen Verhaltensweisen und unschuldigen Auffassungen steht er als „ein in sich selber vergnügtes stilles Ding von Seele“[21] da. Jean Paul geht mit ihm richtig wie mit einem Kind um, wenn er etwa dessen diminutiven Namen zur Anrede gebraucht, ihm Unglück abnehmen will oder seine Freuden durch Verbalisierung verdoppelt. Tatsächlich findet man eine gelungene Charakterisierung der Erzählerhaltung durch ihn selbst an einer Stelle, wo er die Gunst des Landes*vaters* gegen Fibel erwähnt,

> „welche auf einmal alle Spar- und Glückstöpfe und ägyptischen Fleischtöpfe der Wünsche, alle Zuckerdosen und Zuckerinseln der Lust, Silberschränke und Silbergruben des Glanzes in langen Reihen aufgedeckt hinstellt [. . .]“[22]

Dieses Beispiel verweist auf die durchgängige stilistische Tendenz, die wunschgemäße Absolutheit des Vollglücks sprachlich zu approximieren. Die hyperbolische Metaphorik will die Perspektivenkunst der Idylliker hervorheben.[23] Indem die überzogene Vergrößerung der Eindrücke die lustprinziphafte Wahrnehmung unterstützt, verstärkt sie freilich zugleich die infantile Anlage der Helden und ihre Komik.

Kindlichkeit hat für Jean Paul aber immer auch etwas Großartiges, weil sie eben jene Spontaneität der Phantasie beinhaltet, welche sich die Realität souverän umzuschaffen weiß. Ein Stück davon ist das Vermögen der Idylliker, ihre unscheinbare Lebenswelt mit imaginärer Bedeutung zu überhöhen. In dem Aufsatz ‚Über die natürliche Magie der Einbildungskraft‘, der auf den ‚Quintus Fixlein‘ Bezug nimmt[24], hat Jean Paul die Fähigkeit zur Idealisierung eingehender behandelt. Als Beispiele nennt er die Umgestaltung der unerfüllten Wünsche zu Traumbildern; ferner Entgrenzungszustände wie Freudenfeste und Räusche, wo sich die innere Hochstimmung über die reale Situation ausdehne und sie verkläre; schließlich die Liebe, welche Realität und Illusion noch inniger amalgamiere und der geliebten Person den Nimbus einer idealen verleihe. Jean Paul nimmt an, daß jede dichterische Formung von Wirklichkeit, selbst einer unglücklichen, auf eine solche imaginäre Erhöhung und Verzauberung hinausläuft, und führt die Faszinationskraft solcher idealisierter Situationen zurück auf den menschlichen Wunsch nach Unendlichkeit, der sich in

(19) Jean Paul I 439.
(20) Jean Paul I 429.
(21) Jean Paul I 457.
(22) Jean Paul VI 470.
(23) Vgl. Jean Paul IV 11; VI 454 und 1081.
(24) Jean Paul IV 195–205. Dazu IV 175.

der Überschwenglichkeit der Affekte, der Unstillbarkeit der Begierden und der Unermeßlichkeit der Imagination materialisiere. Auch die Bedeutung der Kindheitserinnerungen im Phantasieleben bringt er damit in Verbindung,

„weil ihre magische *Dunkelheit* und das Andenken an unsere damalige kindliche Erwartung eines unendlichen Genusses, mit der uns die vollen jungen Kräfte und die Unbekanntschaft mit dem Leben belogen, unserem Sinne des Grenzenlosen mehr schmeicheln.“[25]

Dieser Gedanke wird im ‚Quintus Fixlein‘ mit Nachdruck wiederholt:

„Ach das bloße Schlaraffenland von Eß- und Spielwaren war es nicht, was damals mit seiner Perspektive wie ein Freudenstrom gegen die Kammern unsers Herzens stürmte und was ja noch jetzt im Mondlicht der Erinnerung mit seinen dämmernden Landschaften unsere Herzen süß auflöset. – Ach das war es, das ists, daß es damals für unsere grenzenlosen Wünsche noch grenzenlose Hoffnungen gab; aber jetzt hat uns die Wirklichkeit nichts gelassen als die Wünsche!“[26]

Beide Aspekte der Kindlichkeit also bringen die Idylliker zur Geltung, und ihr Biograph amüsiert sich ebenso über die unentwegte Lustsuche, wie er dem verlorenen Spielraum wehmütig nachtrauert.

3.2 Idyllische Erlebnisweise

Wer den narzißtischen Gehalt dieser bewahrten Infantilität untersucht, gerät natürlich gleich auf die unbeschreibliche Eitelkeit, die absolute Selbstzufriedenheit und den schriftstellerischen Größenwahn der Hauptfiguren.[27] Weit aufschlußreicher ist jedoch der Nachweis, daß die gesamte Einrichtung der Idylle einem narzißtischen Grundmuster folgt. Signifikant hierfür wird der unscheinbare Umstand, daß im szenischen Arrangement die Präsenz der Mutter unabdingbar ist, der Vater dagegen regelmäßig fehlt. In Fibels Familie steht er außerhalb des emotionalen Bundes; von der Mutter (mit einschlägig pathologischem Charakter[28]) abgewertet und verachtet, wird er immer unzugänglicher und isoliert sich noch mehr.[29] Sein Tod, der in die Adoleszenz von Gotthelf fällt, löst „ein eigenes Wohlbehagen“ aus und führt zur endgültigen Einrichtung des „Still-Lebens“.[30] Auch in den anderen Leben macht

(25) Jean Paul IV 202.
(26) Jean Paul IV 91 f.
(27) Siehe dazu für Jean Paul allgemein: Profitlich (1969).
(28) Jean Paul VI 379 ff. Unter den mütterlichen Charakterzügen, die nicht alle zur Ausführung kamen, hatte Jean Paul geplant: „Unwillkürliche Lustigkeit. – Ekel. – Die Migraine. – Fast kopflos und kalt. – Mehr schmollend, je mehr Anrecht. [. . .] Misstrauisch. – Ambizion nur gegen schlechte Frauen. – Herrschaft über den Mann“ (zit. bei Schneider [1901], S. 99).
(29) Die Ausarbeitung der familiären Situation im ‚Fibel‘ bleibt hinter der ursprünglichen Konzeption zurück, die eindringlich die narzißtische Interaktionsstruktur skizziert: „Die Mutter warf alle Liebe auf den Sohn. – Dem Vogler war alle Laune gleichgültig. – Der Sohn wurde ihr Mann. [. . .] Sie nannte ihn (Fibel) Gott den *Vater* (oder vielleicht den Sohn bei Vaters Tod). – Fibel war ihr Schnupftuch, wenn sie froh oder traurig war; sie drückte ihn an sich, und er brauchte selber eines. – Sie brachte ihm die Religion im Kindbette bei; wie er am meisten bei ihr sein durfte. – Die Mutter verschwenderisch für den Sohn. – Sie war reine Liebe gegen das Kind, wäre sie es gegen den Mann gewesen! [. . .] Er opferte all sein Glück dem mütterlichen“ (zit. bei Schneider [1901], S. 101 und 103).
(30) Jean Paul VI 409 f.

der baldige Tod des Vaters ein konstitutives Element der Idylle aus, insofern er die ödipale Dreieckskonstellation abschafft. Durch das frühzeitige Sterben der Geschwister kann sich der Idylliker allein im Zentrum der mütterlichen Aufmerksamkeit behaupten.[31]

Die symbiotische Einheit von Mutter und Sohn kommt denn auch nicht zur Auflösung. Nach vorübergehenden Trennungen durch Studienaufenthalte in der Stadt oder Ausflüge in die Residenz wird der unterbrochene Kontakt wiederhergestellt. Der „Hang zur häuslichen Einengung"[32] zieht den Idylliker stets nach der ländlichen Heimat zurück. Er nistet sich ein in sein kleines Dorf, das seinerseits schon durch die natürliche Umgebung gegen die unbewohnbare große Welt abgeschirmt ist. Es gewährt Geborgenheit vor allem gesellschaftlichen Treiben, das ein Bild egoistischer Interessenpolitik, lärmender Begierden und kalter Konventionalität bietet. Den gemütlichen Binnenraum kennzeichnen dagegen affektive Wärme, genügsames Wohlbehagen und Arglosigkeit.

Wie die Vorstellung einer heilen Welt von der Empfindung ungeschiedener Existenz im Mutterleib präformiert ist, läßt sich an der Symbolsprache ablesen. Maria Wutz hatte bereits, als er noch auf dem Alumneum in der Stadt geplagt wurde, eine pfiffige Technik zur Hand, die seinen Seelenfrieden garantierte:

„es war nicht Ergebung, die das *unvermeidliche* Übel aufnimmt, nicht Abhärtung, die das *ungefühlte* trägt, nicht Philosophie, die das *verdünnte* verdauet, oder Religion, die das *belohnte* verwindet: sondern der Gedanke ans warme Bett wars. 'Abends', dacht' er, 'lieg' ich auf alle Fälle, sie mögen mich den ganzen Tag zwicken und hetzen, wie sie wollen, unter meiner warmen Zudeck und drücke die Nase ruhig ans Kopfkissen, acht Stunden lang.' – Und kroch er endlich in der letzten Stunde eines solchen Leidentages unter sein Oberbett: so schüttelte er sich darin, krempte sich mit den Knien bis an den Nabel zusammen und sagte zu sich: 'Siehst du, Wutz, es ist doch vorbei'."[33]

Das spätere Leben des vergnügten Schulmeisterleins macht auf Jean Paul den Eindruck, als würde es – wie er sagt – nichts als sanft schlafen, schwerelos in der Luft fliegen, oder von Wasserwogen getragen, gehoben und allmächtig geschaukelt werden.[34] Diese Umschreibungen verweisen deutlich auf das ozeanische Gefühl, das in der Tat die Grundstimmung der Idyllen angibt.

Unwillig, sich aus „der seligen Isolierung im Intrauterinleben" überhaupt zu lösen[35], sucht der Idylliker später diesem Zustand so nahe wie möglich zu bleiben. Er ist gleichermaßen bemüht, an seinem Geburtsort zu verharren und alle Veränderungen durch die Zeit zu stornieren. Die alten, immer wieder hervorgekramten Spielsachen oder andere Reliquien infantilen Glücks sollen über Entwicklungsprozesse hinwegsehen helfen. Um sich des Daseins einer fortdauernden Kindheit zu vergewissern, rekapituliert er systematisch seine Vergangenheit und fixiert sie literarisch. Wutz hat da ein ähnliches Illusionsverfahren wie Fixlein erfunden. Dieser wartet ge-

(31) Jean Paul IV 66; VI 399; Wutz erwähnt einmal (I 424) in seinen Kindheitserinnerungen eine Schwester, von der nicht wieder die Rede sein wird.
(32) Jean Paul IV 85.
(33) Jean Paul I 431. Vgl. auch das regelmäßig verwendete Motiv der warmen Winterstube.
(34) Jean Paul I 422, 439 f., 453.
(35) Freud XI 432. Das gilt für Fibel sogar explizit: Jean Paul VI 378.

wöhnlich in der Stube, dem „Resonanzboden seiner Kinderjahre“[36], die Abenddämmerung ab und malt sich einen frohen Augenblick des gewesenen Idylls aus, um dann den damaligen Träumereien nachzuhängen, bis er sich schließlich zu seiner eigenen Überraschung am selben Ort unter unverändert idyllischen Verhältnissen wiederfindet.[37] Eine Zeitvorstellung scheinen diese Käuze allenfalls nach dem Rhythmus der Natur auszubilden, der ja als ewiger Kreislauf von ihrer eigenen Vergänglichkeit eher ablenkt.
Desgleichen ist die Erzählweise des Biographen dazu geeignet, das kontinuierliche Voranrücken der Zeit vergessen zu machen. Er spart nicht nur alle möglichen Änderungen jenseits der einmal eingerichteten Idylle aus, auch in ihr ist die chronologische Abfolge ohne Belang. So blendet Jean Pauls Schilderung von einem bestimmten, obwohl beliebigen Tag zu typischen Angewohnheiten im gleichmäßigen Tagesablauf über, die sich ihrerseits auf verwirrende Weise mit den kindlichen decken.[38] Besonders nachhaltig wirkt der mythische Stillstand der Zeit im Leben Fibels, wenn man über der versunkenen Betrachtung des Literaturbetriebs, der zusammen mit den Flitterwochen des Helden angeht, gar nicht wahrnimmt, wie er altert, und erst mit dem Zerfall der Idylle abrupt daran erinnert wird.
Wie schon mehrfach bemerkt worden ist[39], wird auch der Lebensraum von der Hauptfigur immer nur im Einklang mit ihren Stimmungen erlebt und vom Biographen auf diese Spiegelfunktion hin eingerichtet. Trotz aller Detailschilderung reflektiert deshalb die Umwelt einzig die monotone Erlebnisweise des Idyllikers. Außer den auf ihn bezogenen Funktionen zeigen selbst seine nächsten Mitmenschen kaum eigenständige Aspekte. Von sich aus denken die Käuze mangels Empathie ohnehin nicht daran, daß andere Leute Handlungsmotive haben könnten, die von den eigenen verschieden sind. Deshalb durchschaut Fibel ja auch den akademischen Zirkus nicht, der seinetwegen aus Spaß veranstaltet wird, und glaubt, er diene seinem Ruhm. Von den Ehefrauen gilt übereinstimmend, daß sie nur für den einen beherzten Augenblick Person werden, wo sie die freischwebend Verliebten zum ersten Kuß bewegen. Ihren individuellen Zügen, die nicht zu deren Narrheiten stimmen, nimmt Jean Paul so viel an Bedeutung, daß daraus kein Konflikt entsteht. Gehen schon vor der Heirat ihre personalen Konturen in der Aura der Verliebtheit auf, so verwirklicht sich danach ihr Glück in der Idylle allenfalls als Widerschein des Vollglücks, das vom Zentralcharakter ausstrahlt.
Das idyllische Fluidum entfaltet sich aber wiederum doch nur unter der doppelten und dreifachen Verstärkung durch Frau und Mutter. Diese Funktion der Angehörigen wird wiederholt mit der musikalischen Metapher der Resonanz bedacht, womit Jean Paul veranschaulicht, daß die Seligkeit des Idyllikers über wechselseitige Freu-

---

(36) Jean Paul IV 92.
(37) Vgl. zum ineinandergeschachtelten Erinnerungsvorgang Tismar (1973), S. 15 f. Auch das Phänomen der idyllischen Zeiterfahrung bewahrt den assoziativen Zusammenhang zur uterinen Symbolik: Jean Paul I 426, IV 87 f.
(38) Jean Paul IV 81–87; auch I 440–446. Wenn übrigens Verfall des Zeitsinns auf Autor und Leser übergreift, dann entgeht ihnen auch die Fehlkonstruktion in der Chronologie des ‚Quintus Fixlein‘ (IV 65, 86).
(39) Jüngst von Blake (1975), S. 58. Vgl. etwa Jean Paul I 439 f., I 453, IV 159, VI 413.

de hinausgeht und den wonnevollen Zustand meint, wo sich die eigene Person mit den anderen harmonisch verschmolzen erlebt:

„Es gibt eine größere Nähe der Herzen, so wie des Schalles, als die des *Echos;* die höchste Nähe schmilzt Ton und Echo in die *Resonanz* zusammen."[40]

Den Einklang wissen sich die Idylliker mit der Allmacht ihres Wunschdenkens zu erhalten, so daß offenbar auch das Schicksal einstimmen muß. Während Fixlein das unfreundliche Glück wie ein Kind anlacht, bis es selber zu lächeln anfängt, wird für Fibel der Erfolg allein schon durch seine naive Zuversicht darauf verfügbar. Recht bescheiden nehmen sich dagegen Wutzens Manipulationen aus, etwa das absichtliche Niesen im Unterricht, das die ganze Schulstube wie besessen auffahren und „Helf Gott, Herr Kantor!" rufen macht.[41]
An die Geschichte des Schulmeisterleins schließt der Erzähler die Reflexion an,

„daß jeder das Nest, worin er sitzt und quiekt und welches das einzige ist, worüber er mit Schnabel und H– hinaussticht, für den Fokus des Universums hält, für eine Frontloge und Rotunda, die sämtlichen Nester aber auf den andern Bäumen für die Wirtschaftgebäude seines Fokalnestes [. . .]"[42]

Von der sonstigen Verurteilung selbstsüchtiger Verhaltensweisen ist dieser Egozentrismus einzig ausgenommen, weil er kindlich unbefangen und ohne stolze Herablassung auftritt. Immerhin ist gerade das konziliante Wesen des Idyllikers bezeichnend für seine hybride Selbsteinschätzung, die um sich gar nichts Vergleichbares wahrnimmt. Er hat aus seinem Erlebnisraum alles Entgegenstehende in die Außenwelt geworfen, deren aggressives Konkurrenzdenken sie noch einmal von seinem menschenfreundlichen Gemüt unterscheidet.[43]

3.3 Solipsismus und Totalität

Bei genauem Hinsehen weist die intensive Totalität des Vollglücks aber Brüche auf. Besonders die Selbstzufriedenheit ist nicht so absolut, daß sie Neid ganz kompensieren könnte. Was sonst nur ein klischeehaftes Merkmal der pädagogischen Kollegen ist, herrscht nämlich unbewußt auch im Bezug des Idyllikers zum Dorfgeistlichen. Diese mißgünstige Tendenz ist ein genauso unbemerktes Moment in der Idylle wie der Ausfall des Vaters, vielleicht sogar seine Entsprechung. Jedenfalls bei Fibel spürt man, wie eine nachwirkende Ambivalenz aus unerfüllter Vatersehnsucht und früher Rivalität auf den beneideten Pfarrer übertragen wird. Schon der Plan für das Abc-Buch war bezeichnenderweise einem Traum entsprungen, worin sich die beiden Aspekte der Vaterimago zum phallischen Fibelhahn verdichteten. Und nicht zufällig taucht der Plan zur Biographie just am Geburtstag des Pfarrers auf, weil Fibel

(40) Jean Paul IV 75. Ferner I 435, 457; IV 92, 189; vgl. VI 460 f.: „Mutter und Tochter und Sohn konnten sich kaum von ihren wechselseitigen Küssen sondern [. . .] es war das Zusammenfreuen und Zusammenklingen eines dreistimmigen Seelen-Satzes (Mann und Frau und Mutter)."
(41) Jean Paul IV 134; I 443 und 431 ff.
(42) Jean Paul I 464.
(43) Jean Paul I 432, 443; IV 81, 98; VI 415, 477 f., 479 f.

wieder einmal den „Freudenglanz des gastlichen Pfarrhauses, der sonst all seine Wünsche überstieg und verdunkelte", mit ansehen muß, ohne daran teilnehmen zu dürfen. An dieser Kränkung entzündet sich die Ruhmsucht aufs neue.[44]
Auch die anderen Idyllen kennen den Nimbus des Pfarrers. Es ist dabei bemerkenswert, daß die starke Anziehung dieser Gestalt gewiß auch von der besseren materiellen Versorgung ausgeht, weit mehr aber von dem öffentlichen Ansehen, das sie genießt. Sonst würde das innerliche Räsonieren der Lehrer nicht so sehr darum kreisen. Das Schulmeisterlein beruhigt die Vorstellung, als Kantor dem Pfarrer in nichts nachzustehen, stellvertretend die Predigt mit eigenen Interpolationen gespickt vortragen zu können oder eben

> „als amtierender Chor-Maire auf seinem Orgel-Fürstenstuhl die Poesie eines Kirchsprengels noch besser zu beherrschen, als der Pfarrer die Prose desselben kommandiert – und nach der Predigt über das Geländer hinab völlige fürstliche Befehle sans façon mit lauter Stimme weniger zu geben als abzulesen [...]"[45]

Der geistliche Stand fasziniert ihn, weil dort einerseits jeder Wettbewerb aufhört, die Priesterwürde noch den Adelsstolz übertrifft, man andererseits nichts tut als Gott preisen und zur Vollendung keinen Zuwachs an Kenntnis mehr nötig hat.[46] Die Glorie des Predigtamts teilt sich schließlich dem Erzähler selbst mit, wenn er in der Rolle des Schriftstellers den „Stadtpfarrer des Universums"[47], gewissermaßen einen potenzierten Geistlichen sieht – eine Einschätzung, die vorausweist auf Jean Pauls Funktionsbestimmung der Dichtung in einem metaphysischen, theologisch formulierten Kontext.
Durch literarische Projekte sucht auch der Idylliker den Anschluß an einen universalen Bedeutungszusammenhang, wie er ihn versteht. Die Verbreitung seiner Meinungen mithilfe des Buchdrucks und die Überhöhung des eigenen Lebens in einer publizierten Biographie sollen ihm „Welt und Unsterblichkeit"[48], die Unendlichkeit in Raum und Zeit erobern. Das Geltungsbedürfnis ist nicht hinreichend erklärt, wenn man darin bloß den Versuch von Selbstverwirklichung erblickt, der angesichts sozialer Randständigkeit und politischer Irrelevanz skurrile Formen annimmt. Die mangelnde Möglichkeit, an einem produktiven Gesamtprozeß teilzunehmen, und die subjektive Unfähigkeit, das eigene Leben mit dem gesellschaftlichen auf sinnvolle Weise zu verbinden, greifen hier ineinander.
Weil die eigenbrötlerischen Charaktere zur Individuation in einer Gesellschaft unfähig sind, die unter Selbstbehauptung kurzerhand die Durchsetzung partikularer Interessen in Form von Herrschaft versteht, suchen sie das Refugium der Idylle und beschränken sich auf den kleinen, selbstgeschaffenen Bereich, der nur Menschen hat, mit denen sie im totalen Einvernehmen leben, wo sie sicher vor Verletzungen

(44) Jean Paul VI 426 ff., 453 und 482. Vgl. auch VI 390, 476, 477.
(45) Jean Paul I 430, 423, 442 f.
(46) Jean Paul IV 71, 80, 137 f.
(47) Jean Paul IV 165. Der Doppelaspekt der Pfarrerfigur ließe sich am besten mit der lebensgeschichtlichen Determinierung im Vaterverhältnis Jean Pauls belegen. Doch ist die biographische Fundierung nicht das vordringliche Interesse psychoanalytischer Literaturwissenschaft.
(48) Jean Paul VI 444.

aus sozialen Konflikten sind und ihr Glück im ruhigen Dasein finden. Derartige Festlegung auf Geborgenheit behindert freilich die Ausbildung der Intelligenz, welche ja immerhin erst durch die offene Auseinandersetzung profiliert wird. Der Zwiespältigkeit von Mimikry und freier Entfaltung, dem „närrischen Bunde zwischen Fernsuchen und Nahesuchen“[49], entspringen denn auch Individualitäten, die auf eine komische Weise absonderlich sind, letzten Endes idiotisch in jenem Doppelsinn, den das Wort zu Jean Pauls Zeiten annimmt.[50]

Eigentlich sollen die schriftstellerischen Ambitionen den Solipsismus der narzißtischen Existenz gar nicht aufheben, sondern gerade in kosmischem Ausmaß vollständig einrichten. Die Suche nach Öffentlichkeit beinhaltet den Versuch, die Beschränkungen, die zur Idylle erforderlich sind, zu überschreiten, ohne an dieser selbst etwas verändern zu müssen.[51] Der Idylliker meint durch Ausdehnung seines Ansehens die alte Lebensqualität unentfremdeten Daseins in jener Vollkommenheit wieder herzustellen, mit der er sie einst erlebt hat. Sich gedruckt zu sehen, ist deshalb sein höchster Wunsch, weil erst das anonyme Lesepublikum die angemessene Trägerschaft des universalen Geltungsanspruchs darstellt. Erst diese erhabene Dimension, die über den engen Sinneshorizont hinausgeht und vermeintlich keine Grenzen hat, vermöchte ihm das Gefühl kosmischer Verbundenheit zurückzurufen. Wie genau das Publikationsinteresse dem Bedürfnis nach Verschmelzung antwortet, ist besonders evident an einer witzigen Charakterisierung von Fibels Schriftstellerei:

> „Er war am Tage ebenso warm gebettet, wenn er die Federn hielt, als nachts, wenn sie ihn hielten.“[52]

Das Verschmelzungsmotiv hat im Gesamtwerk Jean Pauls einen eminenten Stellenwert.[53] Konstrastiv zum witzigen Bilderchaos, das jede aufkommende Stimmung gleich wieder zerstreut, sind die empfindsamen Sequenzen für ihre verfließende Bildlichkeit bekannt. Peter Michelsen[54] stellte diese durchgängige Spaltung der Schreibmanier fest. In der treffend „Wasser-Metaphorik“ genannten, gefühlsbetonten Ausdrucksform verfließt das Konkrete zu einer atmosphärischen Einheit, die aus einem Naturelement, meist eben dem Wasser, besteht. Die tränenreichen Liebesszenen sprechen oft von der Auflösung der Individualität in ein völliges Einssein. Die Erlebnisqualität des sehnsüchtigen Vergehens setzt den Tod dem Eros gleich. Zu den Vorzügen der sogenannten hohen Menschen, die sich auszeichnen durch

> „die Erhebung über die Erde, das Gefühl der Geringfügigkeit alles irdischen Tuns und der Unförmlichkeit zwischen unserem Herzen und unserem Orte,“[55]

---

(49) Jean Paul VI 1081.

(50) Solcher 'Dialektik' des Närrischen ist Müller (1979) nachgegangen.

(51) Jean Paul VI 478: „Unvermerkt und dann erstaunt sieht sich der Mensch so ins Große hineingezogen als die Dörfer um London ins London, und er weiß nicht zu unterscheiden, sondern hält sich statt eines vorigen Dorfs für eine geborne Gasse in der Hauptstadt.“

(52) Jean Paul VI 463. Ferner I 464 und 465; IV 28; VI 429 und 545; vgl. VI 1090 f.: „Sprach- und Analysier-Gerümpel und Kleinwesen – eigentlich auch ein heimlicher Zug seiner Liebhaberei für Häuslichkeit“.

(53) Auch Peter Sprengel bezeichnet die angestrebte Totalität einmal explizit als primären Narzißmus (Sprengel [1978], S. 206 f.).

(54) Michelsen (1962), S. 326 ff.

(55) Jean Paul I 221.

gehört der Wunsch zu sterben, weil sich damit die Auflösung der qualvoll vereinzelten Persönlichkeit in die umfassendste Einheit, die unsterbliche Gemeinschaft liebender Seelen, vollzieht.
Die Idylliker vermeinen auch in den seltenen Augenblicken von Liebesrausch zu vergehen, und ihre Todesphantasien wiederholen solche Vereinigungsmomente.[56] Die Leugnung des Todes leistet bei ihnen jedoch weniger metaphysische Gewißheit als Unbekümmertheit. Eingebaut in die Überbleibsel ihrer Kindheit und im Wahn, wieder Kind zu sein, gehen sie ahnungslos ans Sterben und erwarten allenfalls einen ewigen Frieden, nicht aber die Zerstörung des idyllischen Zustands. Dies gilt auch für Fixlein, der bis zu seinem 32. Geburtstag beunruhigt ist durch die irrationale Furcht, vom Tod „mit zweiunddreißig spitzigen Zähnen“[57] verschlungen zu werden. Die orale Symbolik und die kindgemäße Art der Beruhigung weisen diese Angst als Äquivalent des Verschmelzungswunsches aus. Nicht daß die Idylle absolut negiert würde, sondern daß sie sich zu unkontrollierbarer Absolutheit verselbständigen könnte, ist das Erschreckende am Tod. Bildhaft gesprochen,

> „steigt in das helle glatte Meer, das ihn wiegend führte, schnaubend das Seeungeheuer des Todes aus dem vermoderten Abgrund herauf – und des Untiers Rachen klafft, und das stille Meer zieht in Wirbeln in den Rachen und nimmt ihn mit.“[58]

3.4 Problematisierung idyllischer Existenz

Für den Biographen dagegen hat der Tod metaphysische Bedeutung. Bei seinen Begegnungen mit den Idyllikern wird er stets durch das eine oder andere Anzeichen schmerzlich an die Sterblichkeit des Menschen und die Flüchtigkeit seiner Freuden erinnert. Der „Gedanke der Erden-Eitelkeit“ verhindert es, daß er Freude „nie so voll“ verspürt.[59] Die Vorstellung der Vergänglichkeit läßt ihn stets dabei denken, wie unvollkommen alle irdischen Verhältnisse sind. Während seine närrischen Helden erst aus einer verbesserten Situation heraus die Verklärung ihrer vormaligen belächeln[60], macht das Faktum des Todes für Jean Paul jede Idealisierung zur Illusion. Die Endlichkeit der Menschen nivelliert ihre unterschiedlichen Ansprüche auf Größe und läßt jedes Pathos vor seiner Kurzlebigkeit lächerlich werden.
Einzig Ewiges ist darüber erhaben. Der lebendige Gott, die unendliche Schöpfung und die Unsterblichkeit der tugendhaften Seele bilden einen harmonischen Einklang, der gegenüber Irdischem von endloser Dauer ist. Mit der Empfindung solch transzendenter Dreieinigkeit läßt der Biograph seine Erstlingsidyllen ausklingen:

(56) Jean Paul I 445, 460; IV 116 f., 180; VI 537.
(57) Jean Paul IV 182.
(58) Jean Paul IV 178.
(59) Jean Paul I 444. Im ‚Leben des vergnügten Schulmeisterlein‘ ist die negative Verflechtung von Freude und Sterben besonders ausgeprägt durch die erzählerische Nebenordnung von Hochzeit und Tod (454), witzige Anspielungen (448, 457), und schließlich die groteske Komik, mit der Wutzens Grab als „ein Lustlager bohrender Regenwürmer, rückender Schnecken, wirbelnder Ameisen und nagender Räupchen“ beschrieben wird (461). Siehe auch Blake (1975), S. 60.
(60) Jean Paul I 457; IV 99, 135 f.; VI 533 f.

„mein an ein reineres Vaterland geknüpftes Erdenherz schlägt gegen deinen Sternenhimmel empor, Unendlicher, gegen das *Sternenbild* deiner grenzenlosen Gestalt, und ich werde groß und ewig durch deine Stimme in meinem edelsten Innern: du wirst nie vergehen."[61]

Auf der Suche nach einem tragenden universalen Lebenszusammenhang, der auf der Erde nicht abzusehen ist, wandert Jean Pauls Phantasie ins Jenseits und entdeckt dort eine zweite Welt, die das eigentliche Ziel der unermeßlichen Wünsche und der wahre Ort der Glückseligkeit ist. Verglichen damit sind alle irdischen Ideale partikular und letztendlich eitel.

Allerdings hat der Leser eben erst erfahren, wie die Idylliker das Bedürfnis nach symbiotischer Einheit mit der ad hoc-Verklärung ihrer Situation erfüllen, und muß sich fragen, ob diese neue Idealisierung nicht den gleichen Ursprung hat. Der psychische Gehalt des himmlischen Idealzustands und der Sehnsucht nach dem, „was uns wärmt und trägt"[62], stimmt mit den idyllischen Vorstellungen ohnehin überein. Jedoch gehört es zur Selbstbehauptung des Erzählers, seine Reflexion über den illusionären Status von Idealisierungen abzubrechen vor der Erkenntnis, daß sie selbst auf diesem Verfahren beruht, um ihren Unendlichkeitsstandpunkt zu gewinnen. Das Wunschdenken, das den Idyllikern die Wirklichkeit glatt ersetzt, verlangt auch hier nach unmittelbarer Objektivität, anstatt als utopische Hoffnung auszuhalten.

Deswegen geht Jean Paul doch nicht so weit, Innerlichkeit in der bürgerlichen Privatsphäre beheimatet zu glauben, wie es vom Biedermeierpublikum aus seinen Idyllen herausgelesen wurde. Er hält vielmehr durch humoristisches Ausbalancieren den Gedanken an die Beschränktheit der Idylle selbst dort wach, wo die Neigung zur Behaglichkeit zu überwiegen droht. Entsprechende Lesererwartungen bleiben noch im Moment ihrer Erfüllung fragwürdig. Schon wenn sich die Idylle als „ein stillendes Still-Leben – eine Wiege erwachsener Leser zum Farniente"[63] ankündigt, wird der versprochene Lustgewinn durch die vom Bild evozierte Situation problematisiert. Immer durchkreuzen die witzigen Vergleiche das Aufkommen einer einheitlichen Gefühlsdisposition. Auch die hyperbolische Verwendung der Idealisierung verstärkt, wie gesagt, nur die komische Herabsetzung des Helden zum Kind und offenbart, daß das Vollglück eine Differenzierung des Bewußtseinsstands über das purifizierte Lust-Ich hinaus nicht zuläßt. Neben den Metaphern, welche die wesentlich orale Apperzeption der Idylliker und ihr erfahrungsloses Anstaunen von Pracht hervorheben, bringen oft szenische Details die unbewußte Bedeutung zum Vorschein.[64]

Ein Reflexionsprozeß ist ferner dadurch angelegt, daß Jean Paul das Verhalten seiner Leser und das seiner kauzigen Gestalten vergleichbar macht. Er empfiehlt dem Leser nämlich, sich zum rechten Lektüregenuß in die warme Stube zu hocken, die Vorhänge zuzuziehen, die Schlafmützen aufzusetzen und die politische Welt zu vergessen. Da dies jedoch alles zur Genußtechnik des Idyllikers gehört, rückt der Leser

(61) Jean Paul I 469; IV 191.
(62) Jean Paul IV 28.
(63) Jean Paul VI 367.
(64) Siehe besonders Jean Paul VI 483–486, wo Fibel, während der Plan zu seiner Biographie entsteht, einen Hosenknopf nach dem anderen abdreht, um zuletzt entblößt „auf die Bahn der Lorbeern" loszumarschieren.

per Analogie ins komische Licht.[65] Die sedative Wirkung, welche dieser sich von solcher Literatur verspricht, steht für jenen im Zentrum der Lebenskunst. Durch seine Narrheit führt er jedoch vor, wie die auf Dauer gestellte Regression abkapselt und dumm werden läßt.

Jean Paul geht es darum, weder die Sehnsucht nach einer besseren Welt noch die Zufriedenheit in der gegenwärtigen drangeben zu müssen. Um beides zu verbinden, greift er die zwiespältige Lebenseinstellung des Barock auf und will das Dasein wegen seiner ganzen Bedeutungslosigkeit geringschätzen und trotz alledem genießen:

„Man muß dem *bürgerlichen* Leben und seinen Mikrologien, wofür der Pfarrer einen angebornen Geschmack hat, einen künstlichen abgewinnen, indem man es liebt, ohne es zu achten, indem man dasselbe, so tief es auch unter dem *menschlichen* stehe, doch als eine andere Verästung des menschlichen so poetisch genießet, als man bei dessen Darstellungen in Romanen tut."[66]

Damit ist das Dilemma eher umschrieben als gelöst. Der Idylliker hat sich die soziale Rolle zur zweiten Natur gemacht, in der er voll aufgeht. Weil jedoch die Naivität sein Glück ausmacht, bleibt er unweigerlich darin gebannt. Umgekehrt kann der Empfindsame den Abstand zwischen gesellschaftlicher Existenz und menschlichem Sein ermessen. Dafür aber muß sein Lebensgenuß vom substantiellen zum ästhetischen verblassen. Denn sobald das Wohlbehagen merklich der imaginären Willkür bedarf, sublimiert sich die Daseinsfreude zum humoristischen Vergnügen.[67]

Literaturverzeichnis

Abraham, Karl (1924): Beiträge der Oralerotik zur Charakterbildung, in: ders.: Psychoanalytische Studien I, Hrsg. Johannes Cremerius, Frankfurt/M. 1971, S. 146–162.

Argelander, Hermann (1971): Ein Versuch zur Neuformulierung des primären Narzißmus, in: Psyche 25 (1971), S. 358–373.

Balint, Michael (1959): Angstlust und Regression. Beitrag zur psychologischen Typenlehre, Stuttgart 1960.

Balint, Michael (1960): Primärer Narzißmus und primäre Liebe, in: ders.: Therapeutische Aspekte der Regression. Die Theorie der Grundstörung, Stuttgart 1970, S. 43–93.

Blake, Kathleen (1975): What the Narrator Learns in Jean Paul's ‚Wutz', in: German Quarterly 48 (1975), S. 52–65.

Freud, Sigmund: Gesammelte Werke, Hrsg. Anna Freud u. a., London (später Frankfurt/M.) 1940 ff. (18 Bände).

Grunberger, Béla (1959): Überlegungen zur Oralität und zur oralen Objektbeziehung, in: ders.: Vom Narzißmus zum Objekt, Frankfurt/M. 1976, S. 138–163.

Kernberg, Otto F. (1975): Borderlinestörungen und pathologischer Narzißmus, Frankfurt/M. 1978.

---

(65) Tismar (1973), S. 41, hat auf diese Koinzidenz hingewiesen. Siehe dazu Jean Paul I 422, IV 11, VI 368.

(66) Jean Paul IV 185; vgl. I 461; IV 186, 198 f.

(67) Dies ist auch der Grund dafür, daß man seit jeher das ‚Billet an meine Freunde', das im Wechsel von idealistischer Entrückung und zurückgezogener Häuslichkeit die dritte Möglichkeit, „glücklicher (nicht glücklich) zu werden" (Jean Paul IV 10), sieht, als Vorformulierung von Jean Pauls Humortheorie verstanden hat. Weder darauf noch auf die spezifische Dynamik des humoristischen Lustgewinns kann im Rahmen dieses Aufsatzes eingegangen werden.

Kohut, Heinz (1971): Narzißmus. Eine Theorie der psychoanalytischen Behandlung narzißtischer Persönlichkeitsstörungen, Frankfurt/M. 1976.
Kreienbaum, Sophie (1933): Die Idyllendichtung Jean Pauls, Diss. Frankfurt/M. 1933.
Mahler, Margaret S. (1968): Symbiose und Individuation, Stuttgart 1972.
Michelsen, Peter (1962): Laurence Sterne und der deutsche Roman des achtzehnten Jahrhunderts, Göttingen 1972.
Müller, Volker Ulrich (1979): Narrenfreiheit und Selbstbehauptung. Spielräume des Humors im Werk Jean Pauls, Stuttgart 1979.
Paul, Jean: Werke, Hrsg. Norbert Miller, München 1960 ff. (6 Bände).
Profitlich, Ulrich (1969): Eitelkeit. Eine Untersuchung zum Romanwerk Jean Pauls, Bad Homburg 1969.
Schneider, Ferdinand Josef (1901): Jean Pauls Altersdichtung, Berlin 1901.
Sprengel, Peter (1978): Innerlichkeit. Jean Paul oder das Leiden an der Gesellschaft, München 1978.
Tismar, Jens (1973): Gestörte Idyllen. Eine Studie zur Problematik der idyllischen Wunschvorstellungen am Beispiel von Jean Paul, Adalbert Stifter, Robert Walser und Thomas Bernhard, München 1973.

Dieter Hörhammer, Ernst-Metz-Str. 24, 3440 Eschwege

Die Rubrik

Erfahrungen
Kritiken
Vorschläge

Annegrit Brunkhorst-Hasenclever

„Bücher, die *wir* lesen wollen"

Ein Unterrichtsprojekt über Lesegewohnheiten in der Mittelstufe

I. Vorüberlegungen

Jeder Lehrer kennt die vergeblichen Versuche, Privatlektüren in den Unterricht einzubeziehen. Kishons Satiren, in den Klassen 7 und 8 hoch im Kurs, entlocken im Unterricht kaum ein müdes Lächeln, während sie zu Hause oder in den Pausen als umwerfend komisch empfunden werden. Weiß man doch, daß es im Anschluß an die zu erwartende Spontanphase darum gehen wird, die „komischen Stellen" zu markieren und deren Wirkung auf den Leser zu begründen. Auch die im Privatgespräch erfolgte Anregung des Lehrers, einen faszinierenden Autor wie Michael Ende mit seinem neuesten Buch der Klasse vorzustellen, stößt auf Distanz: „Ach, Sie meinen, ich soll ein Referat halten?" Sogar die auf Wunsch verteilte Liste mit Lektüreanregungen für die Sommerferien wird skeptisch aufgenommen: „Müssen wir das jetzt alles lesen? Brauchen wir das für den Unterricht nach den Ferien?"

Parallel zu den Klagen über die Leseunlust heutiger Schüler ist das Bewußtsein gewachsen, daß der Einfluß der Schule auf das Lesen prinzipiell und die außerschulischen Lektüregewohnheiten begrenzt ist. Direkte Versuche der Einflußnahme über Lektüreempfehlungen sind nach meinen Erfahrungen kein sehr gangbarer Weg, stehen sie doch unter dem Verdacht, sie könnten in 'Unterrichtsstoff' verwandelt werden. Wir müssen weiter davon ausgehen, „daß die Beschäftigung mit Literatur in der Schule in den seltensten Fällen als eine Form des Lebens gesehen oder erfahren wird, sondern als Form des Unterrichts", hat kürzlich Klaus Gerth in einem Aufsatz ‚Literarisches Leben in der Schule‘[1] geschrieben. Der Literaturunterricht sieht zwar sein oberstes Ziel darin, die Lesebereitschaft und -fähigkeit so zu fördern, daß der Schüler ein Leser wird, der die vielfältigen Hinsichten, die Lesen auf seine Wirklichkeit zu eröffnen vermag, erkennen und für sich nutzbar machen kann. Will die Schule aber die Chance, die sie bei der Förderung der literarischen Sozialisation trotz allem hat[2], nicht verspielen, müssen wir Wege finden, die den Schülern klar machen, daß Literatur etwas mit ihnen zu tun hat. Das bedeutet jedoch: es sind Situationen zu schaffen, die Erfahrungscharakter gewinnen können.

Was einen qualifizierten Leser ausmacht und wie das Hereinwachsen in die sozio-kulturelle Rolle des Lesers zu fördern ist, wird vielfach mit dem Rahmenbegriff „Teilhabe am literarischen Leben" umschrieben: Gemeint ist damit nicht weniger, als daß der Schüler

(1) Praxis Deutsch, H. 52 (1982), S. 15.

(2) Zu diesen Problemen literarischer Sozialisation finden sich zusammenfassende Überlegungen in jüngerer Zeit:
Baumgärtner, Alfred Clemens: Literarisches Leben, Literaturbetrieb, Literaturunterricht. Basisartikel zum Heft „Literaturbetrieb". Praxis Deutsch, H. 7 (1974), S. 17–21; Gehrt, Klaus: Literarisches Leben in der Schule. Basisartikel zum Heft „Literarisches Leben in der Schule". Praxis Deutsch, H. 52 (1982), S. 15–20; Eggert, Hartmut: Einführungsartikel zum Heft „Wie wird man ein Leser? Schwierigkeiten in der literarischen Sozialisation". Der Deutschunterricht 32 (1980), H. 5, S. 3–15; Richter, Dieter: Die Leser und die Lehrer. Bilder aus der Geschichte der literarischen Sozialisation. In: Lesebilder, hrsg. von Dietmar Larcher und Christiane Spieß. Rowohlt Verlag, Reinbek 1980, S. 220 ff.; Kreft, Jürgen u. a.: Der Schüler als Leser. Identität und Abwehr. Schöningh Verlag, Paderborn 1981.

„all die Prozesse, in denen Literatur hergestellt, verbreitet und rezipiert wird: Verlage, Autoren, Buchhandlungen, Bibliotheken, Theater, Rundfunk, Fernsehen, Zeitungen [. . .] kennen und in ihrer Bedeutung für seine Leserrolle erkennen soll“[3]. Nur: Die allgemeine Kenntnis über Buchherstellung, -distribution und -rezeption, das allgemeine Wissen um mögliche Informationsquellen für eigene Lektürewünsche sind nicht zureichend. Sie müssen in den aktuellen Lebenshorizont der Schüler hineinreichen, sonst bleiben sie abstrakter Unterrichtsstoff. Die Unterrichtseinheiten, die sich zu diesem Kapitel des Deutschunterrichts in Lesebüchern[4] oder Unterrichtsmodellen[5] finden, sind unter diesem Gesichtspunkt nicht immer hilfreich.
Was nützt es einem Schüler der Klasse 9 zu wissen, wieviele Arbeiter mit Hauptschulabschluß oder wieviele Beamte Heftromane konsumieren, wieviele sich überhaupt ein eigenes Buch kaufen? Was lesen denn Gleichaltrige, zum Beispiel die Schüler aus den Parallelklassen, der Star in Leichtathletik aus der Klasse 10 oder der bewunderte Schlagzeuger aus der Jahrgangsstufe 11? Daß in der Adoleszenz Autoritätsfixierungen zugunsten einer Orientierung an unterschiedlichen peergroups abgebaut, daß hier neue Verhaltens- und Identifikationsmuster gewonnen werden, gilt auch für das Leseverhalten Jugendlicher. Welcher Stellenwert den Lesegewohnheiten eines Gleichaltrigen beigemessen, wie weit es imitiert oder abgewehrt wird, hängt nicht zuletzt von der jeweiligen Position des Lesers in der Hierarchie der Gruppe ab. Die Orientierung am Erwachseneren, wegen seines Auftretens oder seiner Leistung Bewunderten, spielt daher eine wichtige Rolle. – Bei der Durchsicht des Lesebuchs für Klasse 9 im Zusammenhang des Komplexes „Literarisches Leben“ (aufgeführt unter dem Titel: „Literatur und Leser“ in LDB A9, S. 11 ff.) entstand die Idee, statt der zitierten Lesegewohnheiten bestimmter Bevölkerungsgruppen das Leseverhalten in der eigenen Klasse und im Anschluß daran das der Parallel- und nächsthöheren Klassen zu ermitteln. Aus der Sicht der Schüler stand dabei nicht – das sei im Vorgriff gesagt – das statistische Ergebnis der Schülerumfrage im Vordergrund, sondern der Vergleich zwischen eigenen und fremden Leseerfahrungen und -gewohnheiten, der Blick auf sich selber, sei es als Bestätigung, sei es als Korrektur oder Erweiterung bis dahin als selbstverständlich genommener Lesegewohnheiten. Schon im Vorgespräch konzentrierte sich das Interesse auf zwei Fragen: Was lesen die anderen und warum lesen sie überhaupt? Individuelle Gesichtspunkte – neue Anregungen für jeden, Vergleich der eigenen mit anderen Lieblingstiteln – verschränken sich mit kommunikativen: mit den anderen über ihre Erfahrungen reden oder darüber nachdenken, eigene Vorlieben verteidigen oder revidieren. Weil die Gespräche über Leseinhalte und -motivationen nicht mit dem Lehrer, sondern mit Gleichaltrigen verschiedenster Interessen geführt wurden, sind sie wertvoll. Sie sind deshalb so lebendig, weil sie zunächst zweckfreier Austausch sind, der nicht sofort unterrichtlich „operationalisiert“ werden könnte.

II. Zur Durchführung des Projekts

Nach einem ersten vorbereitenden Unterrichtsgespräch waren sowohl der Inhalt der Fragebogen wie die einzelnen Schritte des Projekts festgelegt, so daß der weitere Verlauf der geplanten Aktion zum großen Teil außerhalb der Schulzeit erfolgen konnte. Die jeweils am Nachmittag durchzuführenden Befragungen allerdings waren nicht freiwillig, sondern stellten Ersatz für Hausaufgaben

(3) Gehrt, Klaus (Anm. 2), S. 15.
(4) Besondere Komplexe für diesen Arbeitsbereich enthalten z. B. die Lesebücher Lesen – Darstellen – Begreifen, Hirschgraben Verlag, Frankfurt/M., und Texte für die Sekundarstufe, Ausgabe Gymnasium, Schroedel Verlag, Hannover.
(5) Cf. dazu das Heft „Literarisches Leben, Literaturbetrieb“ von Praxis Deutsch (Anm. 2); Mattenklott, Gundel: Literarische Geselligkeit – Schreiben in der Schule. Metzler Verlag, Stuttgart 1979.

dar. (Das entsprach einem Wunsch der Schüler.) Das Projekt gliederte sich in 3 Phasen:
1. Planung: vorbereitendes Gespräch, Zusammenstellung des Fragebogens, Planung der weiteren Aktivitäten, Verteilung der Aufgaben.
2. Durchführung: (a) Ausfüllen, Auswerten des ersten, klasseninternen Durchgangs, Erstellen einer Leseliste, Verteilen der erweiterten Fragebogen an Parallel- und nächsthöhere Klassen; (b) Befragung mehrerer Buchhändler, Bibliothekarinnen von Stadtteilbüchereien, Sammeln von Informationsquellen für Lektüreentscheidungen.
3. Auswertung: Vortrag der Ergebnisse aus (b) in der Klasse, Auswertung der zweiten Befragungsrunde, Herstellen und Verteilen der Ergebnisse, Buchausstellung, Besuch einer Buchhandlung und einer Autorenlesung.
So sah der Fragebogen im ersten Durchgang aus:
1. Schreibe drei deiner Lieblingsbücher auf!
2. Wer beeinflußt dich bei der Wahl deiner Lektüre: Eltern, Geschwister, Verwandte / Freunde / Schule (Lehrer) / Medien (Rundfunk, Zeitung, Fernsehen; welche Sendungen? Welche Zeitungen?) / Film (Fernsehen oder Kino) / Buchprospekte, Auslagen einer Buchhandlung / anderes (Was?)?
3. Welche Art von Büchern bevorzugst du: Romane / Science-Fiction / Krimis / Fantasy / Problembücher (wir meinen damit Jugendbücher, die auf spezielle Probleme von Jugendlichen unseres Alters eingehen) / Sachbücher / Satiren / Abenteuerromane? / Anderes (Was?)?
4. Warum liest du: allgemein aus Interesse / aus Langeweile / um dich zu bilden / um dich zu unterhalten / um dich abzulenken / um zu träumen / um dein Wissen zu erweitern / um mitreden zu können / andere Gründe (Welche?)?
Vorrangig bei dieser Auswertung – am Nachmittag durch eine Gruppe Freiwilliger – war die Erstellung einer Leseliste, die zusätzlich zu dem ursprünglichen Fragebogen an die anderen Klassen verteilt werden sollte. Alle Mehrfachnennungen, ergänzt durch einige Titel, die in der Klasse Zustimmung fanden, standen jetzt als Grundstock einer möglichen Bestsellerliste zur Auswahl (jeweils drei sollten angekreuzt werden). Verteilung und Einsammeln der hektographierten Fragebogen übernahmen, der Organisation halber, die Kollegen, die in den Klassen 9 und 10 Deutsch unterrichteten. Da für den Rücklauf – befragt wurden über 300 Schüler – einige Zeit einzukalkulieren war, konnten in der Zwischenzeit die erste Auswertung innerhalb der Klasse und die unter (b) aufgeführten Spezialaufgaben durchgeführt werden: Sie hatten zum Ziel, die Aktion über den Rahmen der Schule auszudehnen und möglichst umfangreiches, vielfältiges Material über Lesegewohnheiten und Informationsmöglichkeiten bei der Auswahl von Lesestoffen zu sammeln.
Zwei Gruppen befragten je einen Buchhändler am Ort über die „Bestseller" der letzten Monate beim jugendlichen Lesepublikum. *(Welche Taschenbücher haben Sie in den letzten Monaten am häufigsten an Jugendliche verkauft? Welche anderen Bücher wurden gut verkauft? Welche davon würden sich für uns eignen?)* Eine weitere Gruppe stellte mit Hilfe von Verlagsprospekten und anderen Quellen[6] alle in Erfahrung zu bringenden möglichen Informationen über Bücher zusammen (Sonderprogramme einzelner Verlage für „junge Erwachsene", Zeitschriften des Buchhandels, Bestsellerlisten und Buchkritiken in Zeitungen und Zeitschriften, Fernsehsendungen wie ‚Literatour', ‚Aspekte' u. a., Rundfunksendungen [Programmzeitschriften!], Auslagen der Büchereien und Buchhandlungen, Buchgesellschaften u. a.).
Zwei weitere Gruppen befragten Bibliothekarinnen in verschiedenen Stadtteilbüchereien nach den „Hits" der letzten Monate und nach dem Lesepublikum. *(Wieviele Jugendliche benutzen ungefähr die Bücherei? Wie oft kommen sie durchschnittlich? Welche Art von Büchern leihen sie aus? Lassen sie sich von Ih-*

---

(6) Hilfreich ist z. B. Müller, Helmut: Einführung in die Buchbenutzung. In: Baumgärtner, Alfred Clemens (Hrsg.): Lesen. Ein Handbuch. Verlag für Buchmarkt-Forschung, Hamburg 1974, S. 506–520.

nen beraten, und welche Empfehlungen geben Sie dann?)
Die Ergebnisse dieser Umfragen wurden, ebenso wie das Resultat der klasseninternen Runde, im Unterricht vorgestellt und jeweils in Form des Expertengesprächs diskutiert (1 Doppelstunde).

III. Auswertung

Der verzögerte und mit Ungeduld erwartete Rücklauf der Fragebogen (nur ein geringer Prozentsatz wurde nicht zurückgegeben), deren Auswertung und schließliche Vervielfältigung der Ergebnisse für alle an der Aktion Beteiligten wurde nicht nur von den Initiatoren des Projekts mit Spannung verfolgt. Die Wettbewerbssituation, die Begeisterung oder Enttäuschung bei Zwischenergebnissen, wenn bestimmte Titel von der Spitze der Liste wieder verschwanden, der spontane Austausch über Inhalte und Beurteilung der jeweiligen Werke machten diese Phase, ebenfalls am Nachmittag mit oft zu zahlreichen Freiwilligen durchgeführt, anstrengend; als Anfang eines ausgedehnten Schülergesprächs über eigene und andere Leseerfahrungen über den Rahmen der Klasse hinweg lohnte sich diese Anstrengung.
Die Auswertung der Lesegewohnheiten ergab, daß überraschend die Beschäftigung mit „Sachbüchern", vor allem historischen, direkt hinter „Krimis" und „Fantasy" rangierte, während die als „Problembücher" betitelten Jugendromane weit weniger gewählt wurden. Daß bei der Lesemotivation Bildung, Entspannung und Neugier fast gleichrangig auftraten, verwunderte den Lehrer mehr als die Schüler. Den weitaus höchsten Anteil bei der Beeinflussung nahmen erwartungsgemäß die Freunde ein, während die Eltern immer noch weit vor der Schule rangierten.
Die Bestsellerliste ergab eine bunte Mischung von Merkwürdigkeiten, Klassikern und neuen Titeln:

1. Christiane F.: Wir Kinder vom Bahnhof Zoo
2. D. Defoe: Robinson Crusoe
3. Fynn: Hallo Mr. Gott, hier spricht Anna
4. M. Ende: Momo
5. D. Guareschi: Don Camillo und Peppone
6. A. Mc Lean: Die Kanonen von Navarone
7. J. R. R. Tolkien: Herr der Ringe
8. L. Ossowsky: Die große Flatter
9. R. M. Remarque: Im Westen nichts Neues
10. G. Orwell: Die Farm der Tiere
11. L. Tolstoi: Krieg und Frieden
12. A. Burger: Die toten Engel
13. R. Dahl: Küßchen, Küßchen. 11 ungewöhnliche Geschichten

Die vervielfältigten Ergebnisse der Fragebogenaktion, erweitert um einen Informationsteil über Prospekte u. ä. unter der Überschrift: „Wo ihr Titel finden könnt, die euch interessieren", wurden noch ergänzt durch eine kleine Zusatzliste: „Spezialitäten oder (noch) Geheimtips". Hier hatten mehrere kundige Schüler der Klasse 9, zwei Schüler der Jahrgangsstufe 11, ein Referendar und ein Buchhändler aus den weniger erfolgreichen Titeln der Schülerauswahl und eigenen Lieblingsbüchern folgende Titel ausgewählt:

D. Salinger: Der Fänger im Roggen
H. Hesse: Unterm Rad
W. Golding: Der Herr der Fliegen
M. de Cervantes: Don Quichote
L. Ossowsky: Stern ohne Himmel
E. Bromberger: Auf der Sonnenseite der Straße
Vorgriff auf morgen. Science-Fiction-Stories aus der Bundesrepublik Deutschland
Das Gespenst im Aktenschrank. Geistergeschichten aus aller Welt
M. Twain: Ein Yankee aus Connecticut an König Artus' Hof

Den Abschluß des Projekts bildete der Besuch der Klasse bei einem Buchhändler am Ort, der nicht nur das Ordnungssystem seiner Buchhandlung und weitere Orientierungshilfen bei der Buchauswahl erläuterte, sondern sich bereit erklärt hatte, die Titel der Bestseller- und Geheimtip-Liste in einer kleinen Ausstellung im Schaufenster zusammen mit einem von der Klasse entworfenen Plakat über den Anlaß dieser Ausstellung allen Teilnehmern der Umfrage noch einmal auch optisch vorzuführen. Für die Schüler war es so etwas wie ein Beweis dafür, daß die letzten Wochen tatsächlich etwas mit literarischem „Leben" zu tun hatten.
Daß dann nach einiger Zeit der bei der Umfrage immerhin an vierter Stelle rangierende Autor Michael Ende im Rahmen einer Lesung in diese Buchhandlung kam und sie nicht nur mit seinem bis dahin neuesten Werk ‚Die unendliche Geschichte' bekannt machte, sondern auch von dem neuen Projekt eines ‚Gauklermärchens' (Herbst '82 erschienen) erzählte, war ein glücklicher Zufall. Das fast schon ad acta gelegte Projekt wurde noch einmal lebendig: Die Schulzeitung soll in jeder Nummer eine Buchkritik enthalten; es soll ein von der Klasse 9 am Schwarzen Brett vorgestelltes „Buch des Monats" geben; man könnte einen Jugendbuchautor schriftlich über die Entstehung seines neuesten Buches befragen; man könnte schließlich schon in der Klasse 10 (in der Oberstufe wird dies bereits praktiziert) zur Frankfurter Buchmesse fahren. Nicht, daß ich daran glaube, daß alle diese Pläne realisiert werden. Daß sie aber als Möglichkeit ins Blickfeld gerückt sind, ist schon etwas.

Dr. Annegrit Brunkhorst-Hasenclever, Linzer Str. 39, 5000 Köln 41

In Bielefeld findet vom 20.–23. Mai 1983 die zweite Frauenfachtagung zum Thema 'Frauen und Schule' statt. Veranstalterinnen sind die Arbeitsgruppe 'Frauen und Schule' im Verein 'Sozialwissenschaftliche Forschung und Praxis für Frauen e. V.' und die Interdisziplinäre Forschungsgruppe Frauenforschung an der Universität Bielefeld. An der Mitarbeit interessierte Frauen werden gebeten, sich an folgende Kontaktadresse zu wenden:

Dr. Ilse Brehmer
Anne Waltrup
Interdisziplinäre Forschungsgruppe Frauenforschung
Universität Bielefeld, 4800 Bielefeld 1

An die Autoren der Schriftenreihe ‚Der Deutschunterricht'

Wir bitten darum,

1. Namen und Adresse auf dem Manuskript zu notieren.
2. die Umfangsgrenze von 12 Druckseiten (= 24 Maschinenseiten zu 60 Anschlägen pro Zeile und 30 Zeilen pro Seite) einzuhalten. Nur mit ausdrücklicher Zustimmung des Heftherausgebers kann in Ausnahmefällen ein umfangreicherer Beitrag publiziert werden.
3. Mit dem Beitrag – auf gesondertem Blatt – einen ‘abstract’ von maximal 13 Zeilen zu 60 Anschlägen mitzuschicken. Er sollte folgende Informationen enthalten, soweit sie nicht schon aus dem Titel hervorgehen: Gegenstand des Beitrags, Art des Untersuchungsverfahrens, ggf. Bezug auf Schulform und Klassenstufe, Gesichtspunkte der Gliederung des Beitrags. – Die ‘abstracts’ werden am Kopf der Beiträge abgedruckt, eventuell auch in Publikationsorganen für ‘abstracts’ publiziert.
4. die Manuskripte maschinengeschrieben, mit doppeltem Zeilenabstand und breitem Rand auf einseitig beschriebenen Blättern einzusenden; im Falle von Fotokopien oder aus Büchern/ Heften herausgetrennten Seiten Vorder- und Rückseite jeweils für sich auf eine DIN-A4-Seite aufzukleben, jegliche Auslassung [. . .] zu markieren.
5. die Fußnoten für das gesamte Werk durchzuzählen.
6. bei Rückverweisen auf das ausführliche Zitat in einer früheren Fußnote nicht a. a. O zu verwenden, sondern Adorno (Anm. 4) S. xy, sofern Sie nicht ohnehin mit Kurztiteln arbeiten und die Literaturliste am Schluß der Arbeit haben.
7. Zitierweise: Wolff, Gerhart: Zum Thema: Sprachmanipulation. Der Deutschunterricht 26 (1974), H. 2, S. 45 ff. Stieg, Gerald/Witte, Bernd: Abriß einer Geschichte der deutschen Arbeiterliteratur. Reihe: Literaturwissenschaft – Gesellschaftswissenschaft, Band 3. Ernst Klett Verlag, Stuttgart [1]1973. Bitte also, den Verlag hinzusetzen, obwohl dies Verfahren meist noch nicht üblich ist.
8. Auszeichnungen werden im laufenden Text durch Kursivsatz hervorgehoben (im Manuskript ~ ~ ~ oder - - - - - - - - - - - - -); Eigennamen werden nicht ausgezeichnet.
9. Korrekturen, die über das Berichtigen von Satzfehlern hinausgehen, können dem Autor berechnet werden. (Schon eine kleine Änderung kann den Neusatz mehrerer Zeilen erforderlich machen.)

Unverlangt eingesandten Manuskripten fügen Sie bitte, das Rückporto bei. Wir danken für das Beachten unserer Wünsche.

Ernst Klett Verlag, Stuttgart.

Vorschau auf die nächsten Hefte:

Heft 2/83: Sprachliche Varietäten
Heft 3/83: Darstellendes Spiel
Heft 4/83: Neue Formen der Sprachverwendung